LA FINE PHILOSOPHIE ACCOMMODE'E A L'INTELLIGENCE DES DAMES

Par RENE' BARY, *Conseiller, & Historiographe du Roy.*

A PARIS,

Chez SIMEON PIGET, Libraire Iuré,
ruë S. Iacques, à la Prudence.

ET

Chez l'Autheur, ruë des petits-Champs
au logis de Madame Bataille.

M. DC. LX.

Avec Priuilege du Roy.

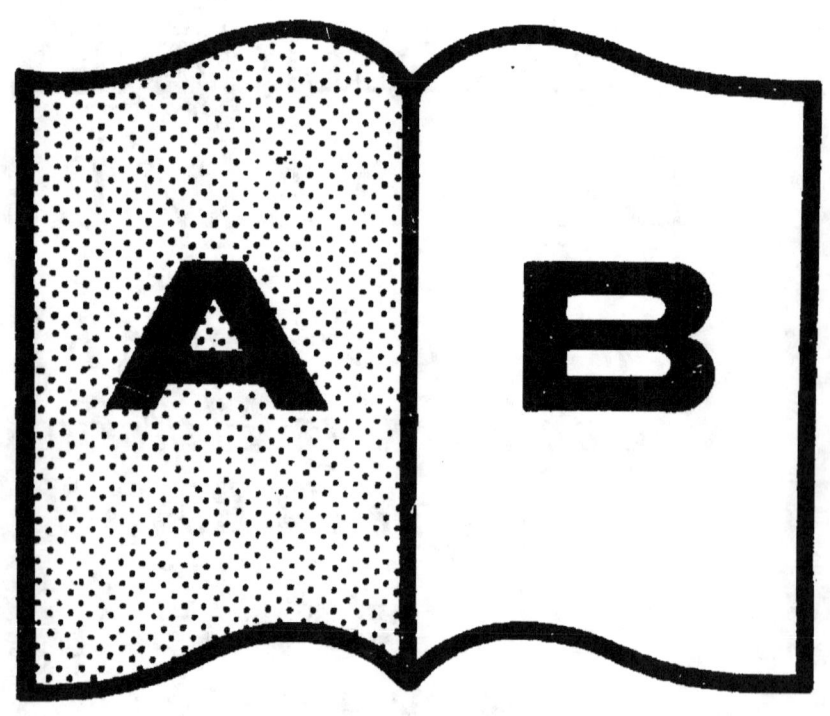

Contraste insuffisant
NF Z 43-120-14

A
MONSIEVR
COTELIER,
MON AMY.
THEOLOGIEN DE LA MAISON ET SOCIETE' DE SORBONNE.

*M*ONSIEVR,

S'il faut qu'il y ait de la conuenance entre les liures qu'on dedie & les personnes qui reçoiuent les dedicaces, ie ne

A ij

tombe pas auiourd'huy dans l'indecence de ceux, qui dedient des pieces de Theatre à des Ecclesiastiques, des traittez de Theologie à des Financiers, & des discours de Politique à des Capitaines, puis que ie dedie vne partie de Philosophie, à vn Philosophe, vne matiere d'Escole, à vn Scolastique, vn Art delicat, à vn esprit deslié : Il est vray que quelque rare que vous soyez, vous auez des semblables, que par les motifs de l'esprit & du sçauoir, ie pouuois mettre vn autre nom que le vostre, au frontispice de mon ouurage ; mais comme l'inclination doit faire la preference lors que le merite est égal, il falloit necessairement, ou que ie combatisse mon affection, ou que ie iettasse les yeux sur vostre personne, que ie dementisse mon amitié, ou que ie vous consacrasse ce que ie vous presente: Que si ie vous traite de profond, de subtil, en vn mot, d'homme extraordinaire, qui peut imputer à flatterie les loüanges que ie vous donne? N'auez vous pas triomphé dans l'Vniuersité? N'auez vous pas éclaté dans la Sorbonne? Les Philosophes & les Docteurs n'ont-ils pas applaudy à vos actions publiques ? Et s'il m'est permis de remonter de vos progrez, à vos commencemens, de vos coups de Maistre, à vos coups d'essay ? ne puis-ie pas témoigner auecque Mante qu'à l'aage de douze ans vous expliquates la Bible en Hebreu, que nos Euesques qui furent les tesmoins de vostre interpretation, deuindrẽt les Panegyristes de vostre enfance, & que sur quelques demandes qu'ils vous firent, & sur la langue que vous parliez & sur la nation qui la parle, vous fistes des responces admirables : il me semble qu'on peut passer pour éclairé, & auoir moins

EPISTRE,

de rayons, qu'on peut paſſer pour ſçauant & auoir moins d'eſtude, qu'on peut paſſer pour Illuſtre & auoir moins de gloire. Vn ancien n'a pas mal rencontré à mon aduis, lors qu'il a fait vne notable difference entre vn hôme ſimplement docte & vn habille homme ; En effet les vns ſont ſemblables à ces Cariers, qui ne ioignent point la taille à la pierre, & les autres reſſemblent à ces Orphevres, qui ioignent l'Art au metail : Il n'en eſt pas de vous, Monsievr, comme des premiers ; ie veux dire comme de ceux en qui les ſciences n'ont point

A iiij

de suitte. On trouue chez vous la matiere & la forme, les connoissances & l'industrie, la Theorie & l'vsage : Et soit que vous répandiez vostre doctrine, ou dans les assemblées, ou dans le Cabinet, dans les Controuerses ou dans l'entretien, on peut dire veritablement que vostre éloquence est de toute rencontre, que vostre feu est de toute matiere, & que quelque suiet de parroistre que l'occasion puisse vous presenter, les sujets les plus fertils tirent moins d'éclat des richesses de leur fonds, que des thresors de vostre genie. Encores que les sciences vous esleuent au dessus de la plus part des hommes, que vous ayez leu & releu les Historiens, les Orateurs, les Poëtes, les Philosophes, les Peres, les Conciles, qu'il n'y ait point de graces que vous n'ayez apperceuës, qu'il n'y a point de solutions que vous n'ayez extraites, qu'il n'y ait point de reglemens que vous n'ayez remarquez, que vostre memoire soit fidelle, que vostre imagination soit presente, que vostre iugement soit decisif; & que pour sçavoir par consequent tout ce que les Bibliotheques ont de plus considerable, il ne faille *que deuenir l'auditeur de vos conferences, le compagnon de vos promenades, le depositaire de vos obseruations; neantmoins il manqueroit quelque chose a la haute estime que ie fais de vostre merite, si vos vertus Morales n'égalloient vos vertus intellectuelles, si vous n'auiez autant de chaleur que de lumiere, autant de zele que de connoissance; mais vos mœurs sont regleés, vos actions sont exemplaires, vostre vie respond à vostre habit; & certes, on ne peut combatre ce que i'aduance, qu'on ne deuienne le Critique de la verité, le cen-*

seur de la preudhomie, le diffamateur de la Religion; Ce n'est donc pas sans raison, MONSIEVR, que le Clergé de France vous a mis au rang de ses pensionnaires, qu'il vous considere comme vn grand iour qui peut dissiper les tenebres de l'heresie, comme vne douce rosée qui peut fertiliser le champ de l'Eglise, comme vn exemple fameux qui peut faire naistre de belles émulations : Et ce n'est pas sans sujet aussi que sur des fondemens si nobles & si solides, ie preiuge que la Cour joindra les marques de sa reconnoissance aux liberalitez de nos Souuerains Directeurs, qu'elle changera vostre noir en violet, & qu'elle m'obligera de vous dire vn iour auec vn MONSEIGNEVR, que ie suis.

MONSIEVR,

Vostre tres-humble seruiteur & tres-passionné amy, BARY.

AV LECTEVR.

QVOY qu'il y ait plusieurs Logiques Françoises, & que ceux qui m'ont precedé en ce trauail ayent assez bien reüssi, ne mesprise pas l'Ouurage que ie te donne, Mon Liure à proprement parler n'est ny vne inuention ny vne copie; il doit beaucoup à ma lecture, il doit quelque chose à mes pensées, il est redeuable à la meditation des anciens, de la multitude de ses maximes, & il est obligé à l'Estude de ma langue, de la netteté de ses expressions. Ie ne me suis pas contenté de lire les Philosophes, i'ay examiné leurs sentimés, Les raisons dans les sciences humaines sont plus considerales que les autoritez; Vn Auteur doit respondre des propositions qu'il aduance, & c'est du fonds de ceux qui pesent ce qu'ils enseignent, qu'on doit attendre des preceptes digerez &

des raisonnemens solides. Entre les Logiques que j'ay leuës, quelques-vnes disent trop, & quelques autres ne disent pas assez, quelques-vnes sont trop questionnantes, & quelques-autres sont trop suppositiues ; La prudence veut qu'on vse de moderation, que la curiosité soit moins querelleuse, & que la science soit plus instructiue. Ie hay l'Ergotisme, ce qui sent l'air de l'Escole m'est de mauuaise odeur; l'esprit de contradiction est mon antipode, & si en quelques endroits de mon Ouurage i'ay rapporté quelques obiections, ç'a esté sur des matieres dont on parle si souuent & en si bon lieu, que c'eust esté frustrer l'attente des curieux que de les passer sous silence. Si ie n'approuue point les prolixitez inutiles, ie n'approuue point non plus les concisions obscures. *I'ay fait la sous-diuision de toutes les substances du monde. I'ay traité à fonds des voix de Porphyre. Ie me suis estendu sur la definition. I'ay insinué dans les parties de l'énonciation vn traité assez exact des principales parties de la Grammaire. I'ay fait vn grand*

AV LECTEVR.

discours sur le discours. J'ay prouué la raison des Bestes, & par raison & par exemples. J'ay combattu la colere par la liaison comme imperceptible des seize lieux : & i'ay porté enfin le discernement & la netteté, dans les diuerses captions des choses & des figures. Voila (cher Lecteur) ce qui a fait ma peine, & ce qui fera ton plaisir, ce qui a dénoüé mes pensées, & ce qui dissipera tes doutes. Comme les mots de l'Art sont inuariables, ie me suis seruy des rudesses de l'Escolle ; mais i'ay tasché de joindre l'agreable à l'vtile, le populaire à l'épineux, le clair à l'obscur, & de faire d'yne matiere laborieuse & dégoutante vn sujet facile & diuertissant; Quelque effort que i'aye fait de tõber d'abord sous l'intelligence du Lecteur, ie ne me promets pas d'auoir par tout reüssi. Pour conceuoir nettement certains principes, il faut rafraichir ses notions, il faut retracer ses idées ; & parce que l'obscurité est comme inseparables de ces sortes de sujets, qu'elle trouble l'imagination de ceux qui ont l'esprit épointé & la memoire infidelle:

il arriue de là que pour former vne vi-ue representation d'vn objet delicat, on a besoin d'vne delicatesse d'esprit, & qu'à moins de ioindre heureusement les vieilles images aux nouuelles especes, on engendre des confusions. Les difficultez (cher Lecteur) ne doiuent pas exciter le dégoust, elles doiuent reueiller le courage, Vne grande vtilité merite vne grande application : Il est impossible d'estre grand homme dans la science des choses, & d'estre foible dans l'art du discours. On doit entendre les predicamens, On doit sçauoir diuiser, On doit sçauoir definir, On doit sçauoir tirer des consequences. Celuy qui n'entend pas les Categories donne de deux choses l'vne, ou de faux genres ou des genres esloignez : Celuy qui n'entend pas la diuision, fait du tout diuisé, vn des-membres de la diuision mesme & ignore le secret d'éuiter les autres defauts. Celuy qui n'entend pas la definition, fait plustost des descriptions figurées que des Oraisons Philosophiques, des peintures exterieures que des representations essentielles;
enfin

AV LECTEVR.

enfin celuy qui n'entend pas le Syllogisme, parle dans les Conferences où il n'y parle pas, s'il parle il trahit sa cause, son raisonnement est confus, & s'il n'y parle pas il hazarde sa reputation, son silence est suspect. C'est dans ces rencontres (cher Lecteur) que l'esprit remply se déploye, & que l'esprit vuide s'embarasse, que l'étude parle, que le sens naturel balbutie, que la science establit son empire, que l'ignorance souffre le ioug, que l'Art est hardy, que la nature est tremblante, que l'Escolle prend l'essor, & que la simplicité rampe. Apres tant d'auantages que la Logique donne, qui seroit celuy qui liroit negligemment la mienne? il faudroit sans doute que ce fust vn presomptueux, vn lasche, ou vn sçauant ; mais ie me persuade que ceux qui ne sont pas éclairez auront pour elle la mesme bonté qu'ils ont eu pour mes autres Ouurages, & qu'ils se resoudront d'autant plus facilement à la peine de l'estudier; qu'il seroit tres-difficile de iuger finement des traitez qui la suiuront, s'ils ne s'efforçoient de tirer de ses dogmes, les

B

AV LECTEVR.

lumieres qu'ils contiennent, Tu peus iuger (cher Lecteur) par les presens que ie te prepare, que le desir de te plaire est vne de mes plus fortes passions ; puis que la difficulté du succez, la longueur du trauail, & l'vtilité du don, sont des preuues inuincibles d'vne volóté zelée, qu'au deffaut de l'escole on ne peut acquerir les disciplines, que par les liures, que par les meditatiós, que par les conferences, que ie ne dois ce que ie sçais qu'à mes veilles, qu'à mes remarques, qu'à mes reflections, que cette sorte d'estude est épineuse & tardiue, que plus les choses nous coustent, & plus elles nous sont cheres, & qu'en m'obligeant de te faire present, des traitez dont ie parleray bien-tost, ie m'oblige de te faire part, de tout ce qui peut contribuer, aux vertus Morales & Chrestiennes : Ie ne doute point que la parolle que ie te donne ne surprenne beaucoup de gens, qu'elle ne fasse naistre des doutes, qu'elle n'engendre des incredulitez : aussi faut-il confesser qu'à mon esgard elle renferme quelque chose d'extraordinaire,

AV LECTEVR,

& que si le Ciel ne m'auoit fauorisé, il me seroit impossible de l'executer; mais le mesme Ciel qui m'a fait tant de graces acheuera sans doute ce qu'il a commencé, sa bonté appuira mes foiblesses, ses rayons éclaireront mon entendement, & dans cette confiance ie ne feindray point de te promettre, vne Metaphysique claire & profonde, vne Physique curieuse & raisonnée, vne Morale iudicieuse & touchante, vne Politique graue & exemplaire, & vne Theologie solide & débroüillée.

DISCOVRS
SVR LA
PHILOSOPHIE.

Que la Philosophie est possible.

L'Entendement humain est raisonnable, il peut donc passer des effets aux causes, des proprietez aux essences, de ce qui paroist à ce qui ne paroist point: Il est vray que l'Art est long, que la vie est courte, que l'experience est difficile, que quelques courses que l'esprit fasse dans le monde, il treuue tousiours de nouuelles occuppations, que la nature est vn Theatre, dont l'estenduë est comme infinie, que les objets qu'on y voit y parroissent souuent voilez, & qu'il faut faire des obseruations bien penetrantes & bien vastes, pour cōposer vne image scientifique, de tout ce que l'Vniuers renferme, mais outre que ce qui est dificile est possible, que ce qui est borné est conceuable; qui pourroit surremplir la vastitude d'vn esprit qui se promene dans le neant, dans le vuide, dans les espaces imaginaires, qui porte ses rayons iusqu'au dessous des abismes, & qui esleue ses pensées iusqu'au delà des Cieux; Et quoy qu'il n'y ait point encore eu de genie qui ait sceu toutes choses, que depuis la Creation du monde iusques auiourd'huy, il soit resté des vuides à la curiosité, qui doute que des lumieres qui sont repanduës dans les Heros de la Philosophie, il ne se puisse faire vne science collectiue, & qu'vne longue vie, vn esprit merueilleux, vne meditation profonde & vn trauail assidu, ne puissent ioindre à cette collection, la cōnoissance de ce qui reste a connostre

Ceux qui entreprennent de prouuer la possibilité de la Philosophie, se seruent ordinairement de cette maxime que Dieu & la nature ne font rien en vain ; mais ce moyen ne me semble pas seur, ce fondement ne me semble pas solide. Si tous les hommes disent-t'ils, desirent sçauoir, il faut qu'il y ait en tous les hommes vne faculté qui soit capable de contenter ce desir ; or est-il que tous les hommes ont vne auidité de sçauoir ; il faut donc qu'il y ait en tous les hommes vne puissance qui puisse assouuir cette auidité.

Ie ne nie pas que le desir de sçauoir ne sois respandu dans tous les hommes, qu'il n'y ait en la nature humaine vne faculté capable de satisfaire ce desir, mais ie ne tombe pas d'accord que la nature soit tousiours sage, que ses mouuemés soient tousiours legitimes, Tous les animaux, par exemple, ne veulent point mourir, Tous les mulets veulent engendrer, & cependant il n'y a point d'animal immortel, il n'y a point de mulet engendrant.

On nous obiecte que les hommes obtiennent l'immortalité d'vne partie d'eux-mesmes, que les bestes perpetuent leurs especes par la succession des indiuidus, que ce qui naift de diuerfes efpeces eft monftrueux, & que comme les mulets font des dereglemens de la nature, il ne faut pas s'eftonner s'ils font dereglez en leurs appetis ; mais fans m'arrefter à la derniere confideration, qui au lieu de defendre la nature l'accufe, ie refponds en peu de parolles, que le defir qui eft vtile au regard de ce qu'il obtient, eft vain au regard de ce qu'il n'obtient pas, que les generations font bornées, que la nature n'eft gueres moins imprudente dans fes ouurages ordinaires, que dans fes productions monftreufes, & que le defir de l'immortalité qu'elle infpire mefme aux reptiles, eft vne preuue inuincible de fon aueuglement.

Qu'il y a vne Philofophie.

LE tout eft dont les parties exiftent, la Logique, la Metaphyfique, la Phyfique & la Morale, qui font les parties de la Philofophie exiftent, donc la philosophie est.

Ceux qui combattent cette verité disent que la Philosophie doit renfermer la raison de toutes les choses naturelles, qu'il n'y a point de Philosophie qui ait cette estenduë, & par consequent qu'il n'y a point de Philosophie.

Ils alleguent encore que les lumieres de l'entendement ne peuuent prouenir que du rapport des sens, que les sens sont trompeurs, & par consequent que l'existence de la Philosophie est vne supposition.

Ie responds en premier lieu, que comme il ne s'ensuit pas qu'il n'y ait point d'Orateur de ce qu'il n'y en a point d'accomply, il ne s'ensuit pas qu'il n'y ait point de Philosophe de ce qu'il n'y en a point de parfait.

Ie responds en second lieu, que le vice n'est pas aux sens, mais aux choses dont les sensations ont besoin, que ce vice se rencontre, ou en la disposition de l'Organe, ou en la qualité du moyen, ou en la distance de l'objet.

Ie responds, enfin que les sens s'entre détrompent quelquefois, & que là où où le sens ne peut corriger le sens, la raison supplée à son defaut.

Des noms de la Philosophie.

LA Philosophie a deux sortes de noms, elle a des noms propres & des noms figurez.

Ceux qui ont deuancé Pythagore l'appelloient sagesse, parce que la vanité leur persuadoit qu'ils connoissoiēt les principes des choses, & ceux qui ont suiuy le mesme Pythagore l'ont appellée Philosophie, parce que dans l'imperfection de leurs connoissances, ils estoient plus pourfuiuans que possesseurs. Les Philosophes d'aujourd huy l'appellent le fondement des disciplines, parce que c'est vn flambeau qui en allume d'autres, que la plus part des sciences sont extraites des rayons qu'elle disperse, sont tirées des lumieres qu'elle respand. Ils l'appellent encore l'assemblage de la Logique, de la Metaphysique, de la Physique & de la Morale, parce qu'elle dirige le discours,

C

qu'elle traite de ce qui conuient aux corps & aux esprits, aux substances & aux accidens, qu'elle s'exerce sur les choses sensibles, & qu'elle donne des preceptes pour le reglemēt des mœurs.

Les Philosophes qui se meslent d'en parler oratoirement la nomment par excellence, la lumiere de l'entendement, parce qu'elle descouure la raison des choses, & qu'en comparaison de ses clartez, toutes les autres connoissances sont obscures. Ils l'appellent encore les richesses de l'esprit, parce, comme dit Ciceron, que le plus grand present que les Dieux ayent fait aux hommes, ç'a esté de la Philosophie. Ils l'appellent aussi la Reyne des sciences, parce qu'entre les connoissances humaines, elle tient le premier rang, qu'elle regne dans la plus part des autres disciplines, qu'elle prouue leurs principes, qu'elle appuye leurs fondemens. Ils l'appellent enfin la mort du corps & la vie de l'ame, parce que quelque profonde qu'elle soit, elle trouue tousiours matiere de resuerie, qu'elle bande l'imagination, qu'elle espuise les esprits; que les fonctions brutalles sont comme aneanties dans les contentions intellectuelles.

Des causes de la Philosophie de la cause finale. De la Philosophie.

LA Philosophie à pour fin la perfection de son sujet, la perfection de son sujet, c'est la perfection de l'homme, la perfection de l'homme despend de la perfection de ses plus nobles facultez, & la perfection de ses plus nobles facultez despend de la lumiere, & de la rectitude, c'est à dire de la connoissance de la verité & de la pratique de la vertu.

De la cause efficiente de la Philosophie.

LA Philosophie à plusieurs causes efficientes : La premiere Philosophie a eu pour causes efficientes la conuenance & l'infusion, & la Philosophie reparée, a eu pour les siennes l'admiration, la curiosité, l'experience, l'examen & le iugement.

Quand l'Ecclesiaste ne nous apprendroit pas que Dieu a remply de science l'esprit de nos premiers parens, plusieurs raisons persuaderoient qu'il leur a infus la Philosophie.

Celuy qui ordonne de la fin, ordonne des moyens: Dieu a creé Adam pour estre le Docteur des nations: il luy a donc donné les connoissances qui sont necessaires à vne fonction si noble & si releuée.

Vn homme qui donne dans les premiers iours de sa creation des preuues de la science, à la science infuse, Adam donna dans les premiers iours de sa creation des preuues de sa science, donc Adam a eu la science infuse.

On donne des preuues de l'infusion de sa science, lors qu'on donne dans les premiers temps de sa creation le nom propre à plusieurs choses; Adam donna comme d'abord le nom propre à plusieurs choses, donc Adam donna des preuues de l'infusion de sa science.

Ceux qui ne tombent d'accord, ny de l'infusion, ny de la science, disent qu'apres qu'Adam eust peché il ouurit les yeux, que l'aueuglement precede le dessillement, & que l'aueuglement est le Symbole de l'ignorance.

Ils adioustent à cela, que le desir est des choses absentes, & que comme Adam auoit vne auidité pour la science, il est éuident qu'il n'en auoit point.

Ces obiections ont de l'apparence, mais elles n'ont point de force; & à peine seront-elles combattuës, qu'elles seront dissipées.

Ie responds à la premiere obiection, qu'on peut connoistre le mal en deux manieres, qu'on le peut connoistre par vne connoissance experimentale & par vne connoissance speculatiue, qu'Adam ne connoissoit pas le peché par le peché, c'est à dire par infirmité, mais qu'il le connoissoit par speculation.

Ie responds à l'autre obiection, qu'il y a vne connoissance diuine & vne connoissance humaine, qu'Adam n'auoit pas la science des Dieux, comme parle l'Escriture, mais qu'il auoit la science des hommes,

Si Adam eust conserué sa Iustice originaire, l'admiration n'eust pas esté vne des causes efficientes de la Philosophie, sa posterité eust herité de ses dons, elle fust née sçauante, mais il estoit nostre chef, nos aduantages dépendoient de son obeïssance, & par la raison des opposez, nous auons perdu en son enfrainte, les faueurs qui l'auoient precedée.

L'admiration est vne action de l'entendement, qui prouient de la connoissance d'vn effect extraordinaire, dont on ignore la cause. L'Ecclipse de la Lune, par exemple, fut vne des choses qui surprirent d'abord les reparateurs de la Philosophie. Le desir de découurir la cause de cet obscurcissement, fut vne de leurs inquietudes. Quelques-vns d'entr'eux s'imaginairent que quelques nuées déroboient la clarté de la Lune ? mais la serenité de l'air dementoit leur imagination. Quelques autres creurent que la Lune estoit montée de quelques degrez, mais elle paroissoit de la mesme grandeur. Quelques autres enfin penserent heureusement que la Lune empruntoit sa lumiere du Soleil, & qu'il falloit par consequent que son obscurité prouinst de quelque interposition ; mais comme ces derniers n'auoient que des doutes, des veritez qu'ils conceuoient, & qu'il n'y auoit que les frequentes obseruations qui pussent les dissiper, ils estudierent tellement les mouuemens celestes qu'ils passerent de l'inspection à la science, de l'opinion à la certitude, de la probabilité à la demonstration. Entre les autres reparateurs de la Philosophie, les vns descendirent des extremitez du Ciel iusqu'au centre de la terre, & les autres s'esleuerent du centre du monde iusqu'au premier principe. Les vns ne se contenterent pas de recognoistre les conuenances & les contrarietez de la plus part des choses, ils tascherent de treuuer dans leur raisonnement la cause des grandes marées, des iours critiques, des tremblemens de terre, du flux & du reflux, & de cent autres effects extraordinaires, & les autres ne se contenterent pas non plus d'obseruer en general les proprietez de l'Estre, & la multitude de ses especes, ils tascherent de monter des ruisseaux à la source des connoissances diuisées, aux connoissances reünies; & pour dire tout en peu de mots, de monter de la connoissances de la nature a l'Auteur de la nature mesme. Enfin les derniers reparateurs de la Philosophie, qui auoient contribué aussi à l'inuention des sciences, entreprirent de corriger l'entendement, de regler la volonté, de redresser le discours, de reformer les mœurs, & de ioindre par consequent aux disciplines precedentes, l'art de bien discourir, & la methode de bien viure.

De la cause materielle de la Philosophie.

IL y a trois sortes de matiere. Il y à la matiere qui reçoit, qui est le sujet. Il y a la matiere enuers laquelle on s'occupe qui est l'obiet, & il y a la matiere de laquelle quelque chose est faite, qui est proprement parlant la matiere.

Le sujet de la Philosophie comme i'ay desia dit, c'est l'homme, parce qu'il est dénommé Philosophe, & que le terme deriué suppose le terme primitif.

L'obiet de la Philosophie, ce sont toutes les choses qui peuuent estre connuës par les lumieres de la nature.

Et la matiere de la Philosophie, ce sont tout ensemble, & l'entendement & les images.

La matiere de la Philosophie est extraite de l'entendement, parce que la science est vne habitude spirituelle ; que toute habitude doit sa naissance aux actes qui l'ont precedée, & que les actes doiuent leur generation à leur faculté.

La mesme matiere de la Philosophie est composée des images qui correspondent aux actes qui les ont formées, & ces images qui representent essentiellement la pluſ-part des choſes ſont diſperſées ſous l'eſcorce des paroles, dans la Logique, dans la Metaphyſique, dans la Phyſique, & dans la Morale.

Ie ne m'eſtendray point ſur ce qu'on obiecte ordinairement icy, qu'il n'y a rien dans l'entendement qui n'ait paſſé par les ſens, que la Philoſophie ne peut eſtre dans les ſens, & par conſequent qu'elle ne peut eſtre dans l'entendement? il ſuffit de dire là deſſus, que ſi la Philoſophie ne peut eſtre dans les ſens, ſelon ſon eſſence, elle y peut eſtre ſelon ſes obiets; & que c'eſt ſur les images que les meſmes objets y enuoyent, que l'entendement forme ſes concluſions.

De la cauſe formelle de la Philoſophie.

IL y a de deux ſortes de forme; il y a vne forme Phyſique & vne forme Logique,

La premiere eſt vn principe qui conſtituë reellement quelque choſe.

stituë reellement quelque chose.

Et l'autre est vne Oraison qui exprime l'essence de quelque estre.

La Philosophie est vne forme ; parce qu'elle confere reellement à son sujet la qualité de Philosophe, & qu'elle le distingue de celuy qui ne l'est pas, & elle est vne forme naturelle, parce que ses actes sont naturels ; & qu'encores que tous ses obiects ne soient pas de cet ordre, elle les euisage naturellement.

Les formes Physiques n'ont point de forme Physique, parce que si elles en auoiét, il faudroit que la forme de la forme en eust vne autre, que l'autre eu eust vne autre aussi, & pour ne point aller à l'infiny, il faudroit que la derniere forme fust vne forme qui n'eust point de forme : mais pourquoy mettre vn progrez dans les formes ? puis qu'vne seule suffit, & que les formes ne sont ce qu'elles sont que par les principes, dont elles éduites.

Quoy que la Philosophie n'ait point de forme naturelle, elle a vne forme Logique, & cette forme qui consiste en la difinition, n'est dite forme, que par ce qu'en definissant la Philosophie, elle l'a constituë desinie.

De l'essence de la Philosophie.

Quelques-uns disét que c'est la connoissance des choses spirituelles & corporelles; mais cette definition peche, non seulement à cause qu'elle conuient saparement à quelque partie de la Philosophie, mais encore parce qu'elle conuiét mesme à la Theologie : la Physique discourt de l'ame en general & en particulier, & par consequent de ce qui regarde le perissable & l'immortel, la morale parle des passions & des vertus, & consequent de ce qui regarde le corporel & le raisonnable, la Theologie traite de la matiere des Sacremens, & de l'eficace des paroles, & par cōsequent de ce qui regarde le sensible & le spirituel.

Il me semble que, pour bien definir la Philosophie, il faut dire que c'est vne science qui ne dépend point des autres sciences, & qui renferme dans son étenduë les raisons fondamentales de la plus part des choses.

Ie dis que c'est vne science qui ne dépēd point des autres sciences, parce que hors les mysteres de la Religion, il n'y a rien qui soit au delà de son enceinte.

Ie dis, qui renferme dans son estenduë les raisons fondamentales de la pluspart des choses, parce qu'elle prouue ce que les autres disciplines supposent.

Des proprietez de la Philosophie.

LA Philosophie à autant de proprietez qu'elle a départies.

Par la premiere, qui se refere à la Logique, elle affermit le raisonnement.

Par la deuxiesme, qui se refere à la Metaphysique elle subtilise l'esprit.

Par la troisiesme, qui se rapporte à la Physique, elle materialise le discours. Et par la derniere, qui se rapporte à la Morale, elle adoucit les mœurs.

On attribuë à la Philosophie quelques autres proprietez; & on dit entre autres choses sur ce sujet, que comme la teste est esloignée du ventre, la Philosophie nous esloigne de la sensualité, mais on sçait bien que les inclinations combattent quelquefois les connoisfances, que la Philofopie qui fut vierge en platon, fuft foüillée en Diogene, que la fcience qui fut fobre en Socrate, fut crapuleufe en Epicure.

Que la Philofophie eft en partie fpeculatiue, & en partie pratique.

COmme ce tiltre eft pluftoft mis, icy par raifon de methode que par raifon de doute; c'eft affez de fçauoir que la Logique & la Metaphyfique, la Phyfique & la Morale, font des parties de la Philofophie, que la Metaphyfique & la Phyfique font fpeculatiues, parce qu'elles fe repofent en leurs obiects, & que la Logique & la Morale font pratiques, parce qu'elles n'eclairent l'entendement que pour mettre les autres puiffances en exercice.

Que la plus-part des sciences sont tirées du fonds de la Philosophie.

IL y à deux sortes d'Astrologie. Il y en à vne qui demontre les proprietez des corps celestes, & celle-là appartient à la Physique : par ce que la physique renferme la connoissance des causes vniuerselles qu'elle traite de leur nature, de leur mouuement, de leur subordination de leurs influences, & il y en à vne autre qui predit le destin des hommes, qui jure sur les aspects, sur les conjonctions, & celle-cy n'appartient point à la Physique, par ce que la physique admet des influences inclinatiues & des libertez humaines, & que l'Astrologie qu'on nomme iudiciaire, & que i'appelle reueuse, donne de l'Empire aux Astres, & de l'impuissance aux hommes, traite les vns de Souuerains & les autres d'Esclaues.

Il y à cinq sortes de Medecine. Il y à la Rationelle, la Dogmatique, l'Empyrique, la Methodique & la Magique.

La rationelle est fondée en general sur quatre connoissances.

Elle est fondée sur la connoissance des choses naturelles, comme sur les parties qui composent le corps humain.

Sur la connoissance des choses non naturelles, comme sur les alimens.

Sur la connoissance des choses qui sont contre nature, comme sur les maladies.

Et sur la connoissance des choses artificielles, comme sur les medicamens.

La Dogmatique a deux instrumens, elle se sert de la raison & de l'experience.

L'Empirique est experimentale, mais elle n'est pas rationnelle, elle s'attache aux distillations, aux extraits, & comme en consequence de quelque cure desesperée, elle croit auoir trouué vn remede vniuersel, elle oppose souuent vn mesme remede, a differentes maladies.

La

La Methodique est impertinente, elle ne roule ny sur la raison, ny sur l'experience, elle ne consiste qu'en vne aueugle imitation.

La Magique n'vse point de medicamens, elle n'vse que de parolles ou de caracteres, les caracteres, dont elle se sert sont quelques-fois grauez sur du metail, & quelquefois marquez sur du linge, sont trantost brochez sur du drap, & tantost imprimez sur du papier; les vns en font des scapulaires & les autres des brasceletz, les vns les pendent en forme de coliques, & les autres les portent en forme d'anneau; enfin, la credulité de la pluspart des peuples, & particulierement des Alemans, appliquent diuersement ces Agripanes.

La Rationnelle, la Dogmatique & l'Empyrique, appartiennent à la Physique, parce que selon le propre des vnes & des autres, elles exercent leurs connoissances & leurs industries, sur ce qui se forme dans les entrailles de la terre, sur ce qui vegete, sur ce qui sent, & que la Physique traite à fonds des mineraux
D

plantes & des animaux.

La Methodique appartient à la Physique, & elle ne luy appartient pas, elle luy appartient, parce que les maistres sur lesquels on se regle, ont operé par raison ou par experience, & peut estre par l'vne & par l'autre, & que ceux qu'on appelle simples Methodiques, ressemblent aux Singes, qui font ce qu'ils voyent faire, & qui ne sçaueut pas les raisons de l'exemple.

La Magique appartient aussi à la Physique, & elle ne luy appartient pas; elle luy appartient, parce que les caracteres qui sont inefficaces, & par consequét des pieges ne seruent qu'à persuader la puissance des Demons, & que les mesmes Demons ne guerissent, ou que par l'opposition des contraires, ou que par l'attraction des semblables, & elle ne luy appartient pas, parce que les Physiciens ont du moins quelque teinture des moyens qui procurent la santé, & que ceux qui vsent d'enchantemens, font des cures, & ne connoissent pas les causes de la guerison.

Il y a deux sortes de magie; il y en à

vne qu'on appelle blanche, qui cherche par les voyes legitimes, c'est à dire par les liures, par les conferences, par les operations, les causes des effects merueilleux, & celle-là appartient à la Physique, parce que la Physique à cela de commun auec les autres parties de la Philosophie, qu'elle traite des opposez ; & qu'en traittant des causes ordinaires des effects ordinaires, elle traite des causes extraordinaires des effects estonnans, & il y en a vne autre qu'on appelle noire, qui cherche par les voyes deffenduës, c'est à dire par la consultations des Demons, la connoissance des causes occultes, des effects prodigieux, & celle-cy n'apartient point à la Physique, parce que la Physique doit son inuention à l'esprit humain, qu'elle est vn recueil d'inspections, d'experiences & de raisonnemens.

Il y à deux sortes de Iuris-prudence. Il y en à vne qu'on appelle Actiue ou naturelle, qui tire ses conclusions des semences de vertu, que la nature a répenduë en tous les hommes, & celle-là appartient à la Morale, parce que la

C ij

Morale traite de la vertu, & que la Iustice qui renferme l'équité en est vne espece; & il y en à vne autre qu'on appelle Positiue ou Legalle, qui tire ses conclusions des Loix que les peuples ont diuersement faites, & celle-cy n'appartient point à la Morale, par ce que la Morale est establie sur la raison naturelle qui est fixe, & que la Iuris-prudence dont il s'agist, est fondée sur la volonté humaine qui est changeante, que l'vne adjuste ses preceptes à ce qu'il y à de commun en chaque homme, & que l'autre accommode ses Loix, à ce qu'il y à de particulier en chaque Nation.

Il y à deux sorte de Theologie. Il y en à vne qui est discursiue & naturelle, qui parle de la Diuinité selon la force du genie, & celle-là appartient à la Metaphysique particuliere, par ce qu'elle traite des choses diuines, & par consequent de Dieu. Et il y en a vne autre qui est Historique & reuelée, qui parle du Seigneur selon le raport des Escritures, & cellecy n'appartient point à la Philosophie, par ce que la Philosophie prefere vne raison à cent autoritez, & que la Theologie Chrestienne prefere vne autorité à cent argumés, que la premiere fait fort sur les lumieres naturelles, & que l'autre fait fondement sur les veritez Mysterieuses, que l'vne prouue ce qu'elle aduance, & que l'autre croit ce qu'elle pose.

Des Sectes des Philosophes.

LE Secte n'est autre chose qu'vne multitude de gens de Lettres qui font profession de suiure les sentimens particuliers d'vn Auteur.

Il seroit facile de faire voir auec Eusebe, que les sciences & les Arts sont venus des Hebreux, que les Hebreux les ont communiquez aux Egyptiens & aux Caldeens, que les Egyptiens & les Caldeens les ont enseignez aux Grecs, que les Grecs les ont portez chez les Romains, & que les Romains les ont répandus chez les autres Nations, mais il n'est pas necessaire de remonter au premieres sources, de parler de Budde, d'Ochus, d'Orphée, d'Atlas & de quelques autres vieux Sectataires, il suffit de parler d'abord des Philosophes qui ont esté comme les chefs de ceux qui sont venus à nostre connoissance, & de tirer les Sectes dont nous parlerons bien-tost, de Pythagore & de Thales.

Pythagore Samien qui auoit recueilly des Prestres, des Mages & des Brachmanes, tout ce qu'ils auoient de plus curieux, fit voile en Italie, descendit en vn endroit qu'on appelloit autre fois la grande Grece, & qu'on appelle aujourd'huy la Calabre, & il s'y rendit si celebre que sa Secte fut appellée Italique. Ce Philosophe fut le premier Auteur des cinq années de silence qu'il vouloit qu'on employast à écouter, auant qu'on eust la liberté de faire quelque demande: Il fut encore le premier Auteur de la Metempsicose ; c'est à dire de la transfusion des ames en plusieurs corps & il ne feignoit point de dire que son ame auoit eu plusieurs demeures. Heraclide, dit qu'il conceut du degoût pour la vie, & que chargé d'années, il se *sur la Philosophie.* 47.

fit mourir de faim, Ceux de Metaponte oùil auoit particulieremét fait éclater sa Doctrine, l'eurent en veneration ; ils firent de sa mort vn deüeil public, de sa maison vn Temple, & de son simulacre vne Idole.

Thales Milesien, qui auoit aussi recueilly des Egyptiens, des Caldeens, & des Hebreux, tout ce qu'ils auoient de plus excellent, retourna en Ionye, reprit la route de son Pays, & il s'y rendit si fameux que sa Secte fut appellée Ionique.

De l'Escole de Pythagore, sortirent plusieurs grands Personnages ; mais comme ces Philosophes ne furent gueres moins oposez les vns aux autres, qu'à la Doctrine de leur Maistre, il arriua de là, que la plus-part d'entre eux deuinrent Sectataires.

De l'Escole de Thales, sortirent aussi plusieurs grands hommes ; mais comme ses Disciples & ceux qui les suiuirent, ne furent pas si opposez entre eux que les Pythagoriciens, il ne se forma de cette multitude de sçauans, que trois Sectes.

La premiere Secte, fut appellée Academique, par ce que Platon regentoit aux enuirons d'Athenes, en vn lieu qui estoit appellé Academie. Il y eust deux sortes d'Academiques. Il y eust les Anciens & les nouueaux, les premiers n'affirmoient presque rien, par ce qu'ils suiuoient exactement platon, & que platon estoit fort peu resolutif, & les autres n'affirmoient rien du tout, par ce qu'ils suiuoient ponctuellement pyrhon, & que pyrhon doutoit mesme de ses doutes.

La seconde secte fut appellée Stoïque, parce que Zenon tenoit Escolle en vn lieu que les Grecs appelloient Stoa.

La troisiesme secte fut appellée Peripatetique, parce que les Disciples du Lycée, c'est à dire du Philosophe, n'agitoient la doctrine de leur maistre qu'en se promenant. Aristote estudia trois ans sous Socrate, & vingt ans sous Platon: Il fut surpassé en Theologie par le dernier, & il surpassa l'vn & l'autre en Logique, en physique & en Rhetorique; Vn autre que luy se fust peut-estre contenté d'auoir eu pour Disciple le plus grand

grand Roy du monde ; mais comme il regardoit toufiours Athenes comme le Theatre de fa gloire, il n'euft pas pluftoft quitté la Cour d'Alexandre, qu'il prit le chemin du lieu où fon ambition l'appelloit. Le genre de fa mort eft en débat, quelqu'vns difent qu'il mourut de poifon en l'Ifle de Chalcos, & quelques autres tiennent que dans le defplaifir qu'il euft, de n'auoir peu comprendre le flux & reflux de l'Euripe, il fe precipita dans ce fleuue, & qu'auant que de s'y ietter, il s'efcria, I'ay vefcu douteux, Ie meurs incertain, Ie ne fçais où ie vais, ô eftre des eftres ayez pitié de moy.

Si la Doctrine d'Ariftote a efté quelque temps negligée, elle a efté en fuitte foigneufement recueillie ; les plus beaux efprits fe font picquez de temps en temps d'eftre fes interpretes, & on peut dire à fa loüange, qu'elle eft deuenuë le fondement des Thomiftes, des Scotiftes, & des Nominaux.

Les premiers ont eu pour chef S. Thomas d'Aquin, Ce grand S. eftoit du temps de S. Louis, il mangeoit quel-

E

que fois à sa Table, Toute l'Europe admiroit la grandeur de son esprit ; le fonds de sa Doctrine ; Ses sentimens estoient des Oracles; & quoy qu'à Paris les escrits d'Aristote eussent esté publiquement bruslez, à peine entreprit-il de les rendre considerables, qu'ils deuinrent les cahiers de nos Escolles.

Les deuxiesmes ont eu pour Maistre Iean Dunx Cordelier, Ce Sectataire eust trois surnoms, il fut surnommé Scot, le Docteur Subtil, & le Deffenseur de la Vierge, Il eust le premier, par ce qu'il estoit Hybernois, & que l'Hybernie estoit autre fois appellée Escosse, Il eust le deuxiesme, par ce qu'il auoit l'esprit merueilleusement delicat, & il eust le dernier, par ce qu'il souftint tres-fortement la Conception immaculée de la Mere de Dieu.

Les derniers eurent pour Auteur Guillaume Ocham Anglois & Cordelier, Ce Philosophe combattit aigrement les escrits de Scot, il tomba sous la Censure du S. Siege, & par ce qu'il se fioit sur la subtilité de son esprit, & sur la profondité de son sçauoir, il dit hardiment à Louis de Bauiere Empereur, Seigneur prenez ma protection & ie prendray voſtre party, deffendez-moy auec le glaiue & ie vous deffendray auec la plume.

Ie parlerois bien de quelques Philoſophes d'aujourd'huy, qui pretendét auoir trouué la raiſon des choſes, & on peut bien penſer que ie n'oublirois pas, Monſieur, des cartes, puis qu'il eſt le chef de nos nouueaux Regens ; mais comme ſa ſecte n'eſt pas encore bien eſtablie, ie me contenteray de rendre ce témoignage au public, que ſes experiences ſont rares, que ſes preuues ſont preſſantes ; & qu'encore que ie ne ſuiue pas la doctrine de ce grand homme, i'en fais vn eſtat particulier.

PRIVILEGE
du Roy.

LOVIS par la grace de Dieu Roy de France & de Nauarre: A nos Amez & Feaux Conseillers, les Gens tenans nos Cours de Parlement, Maistres des Requestes de nostre Hostel, Baillifs, Seneschaux, Preuosts leurs Lieutenans & tous autres nos Iusticiers & Officiers qu'il appartiendra, Salut. L'inclination qu'à le Sieur René Bary nostre Conseiller & Historiographe ordinaire, de môtrer son application dans les sciences, par les diuerses compositiós qu'il fait,

& d'eſtre vtile au public, par l'expoſition des ouurages qu'il acheue de temps en temps, nous ayant donné ſujet de croire que les parties de toute la Philoſophie qu'il deſire mettre au iour ſont d'vn merite conſiderable, & qu'elles ne ſeront pas moins bien receuës des perſonnes de l'vn & de l'autre Sexe qui s'occupent à l'eſtude que les autres Liures qu'il a cy-deuant fait imprimer: Nous pour ces causes, luy auons permis & permettons par ces preſentes de faire imprimer, vendre & debiter en tous les lieux de noſtre obeïſſance, par tel Imprimeur, Libraire ou autre qu'il voudra choiſir l'Ouurage intitulé, *la fine Philoſophie accommodée à l'intelligence des Dames*, en tels volumes, tels marges, tels caracteres & autant de fois que bon luy semblera, durant dix années, à compter du iour que chaque volume sera acheué d'imprimer pour la premiere fois : Faisons deffences tres-expresses à toutes sortes de personnes de quelque qualité & condition qu'elles soient, d'imprimer, vendre ny debiter en aucun lieu de nostre obeïssance, ledit Ouurage sans le consentement dudit Sieur Bary, ou de ceux qui auront droict de luy, sous-pretexte d'augmentation, de correction, de changement de tiltres, de fausse marge ou autrement, & en quelque sorte & maniere que ce soit, à peine de trois mil liures d'amende, payable sans déport par chacun des contreuenans, applicable vn tiers à

Nous, vn tiers à l'Hoſtel-Dieu de Paris, & l'autre tiers audit Sieur Bary, ou à la perſonne dont il ſe ſera ſeruy, de cõfiſcation des exemplaires contrefaits, & de tous deſpens, dommages & intereſts, à condition qu'il ſera mis deux exemplaires de chaque volume en noſtre Bibliotheque publique, & vn en celle de noſtre tres-cher & Feal Cheualier, Chancelier de France, le Sieur Seguier auant que de les expoſer en vente, à peyne de nullité des preſentes. Voulons que de leur contenu vous faſſiez iouïr plainement & paiſiblement l'Expoſant; comme auſſi ceux qui auront ſon droit, ſans ſouffrir qu'ils y reçoiuent aucun empeſchement, qu'en mettant au commencement ou à la fin de chaque volume, vn Extraict des presentes elles soient tenuës, pour deuëment signifiées, & que foy y soit adjoustée, & aux coppies collationnées par vn de nos Amez & Feaux Conseillers & Secretaires comme à l'Original : Commandons au premier nostre Huissier ou Sergent sur ce requis, de faire pour l'execution des presentes, tous Exploits necessaires, sans demander autre permission : Car tel est nostre plaisir : Nonobstant clameur de Haro, Chartre normande & autres Lettres à ce contraires. Donné à Paris le 26. iour de Nouembre l'an de grace 1659. Et de nostre regne le 17. Signé, Par le Roy en son Conseil, THONIER.

Et ledit Sieur Bary a cedé &

transporté la moitié de Priuilege à Simeon Piget Libraire Iuré à Paris, pour en iouïr selon l'accord fait entr'eux.

Regiſtré ſur le Liure de la Communauté.

Les Exemplaires ont eſté fournis.

Acheué d'imprimer pour la premiere fois le cinquieſme Mars mil ſix cens ſoixante.

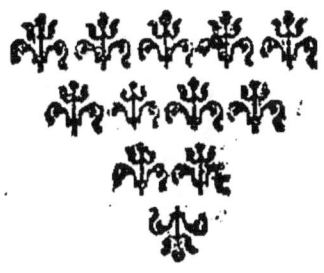

F

LA FINE
PHILOSOPHIE
ACCOMMODEE
A
L'INTELLIGENCE
DES DAMES.

LA LOGIQVE.

A LOGIQVE est naturelle, ou artificielle.

La Logique naturelle est vne lumiere par laquelle les indoctes tirent des conſequences, &

A

selon que cette lumiere, est plus ou moins grande, elle est appellée des Philophes, ou vigueur d'esprit, ou debilité de raison.

La Ramée, qui n'a pas obserué les diuers degrez de la Logique naturelle, dit à peu prés, ce me semble, qu'il y a en l'homme vne faculté, qui par le benefice de la nature conçoit, iuge & infere, que l'ame est grosse d'idées, & que comme la verité est aussi naturelle à l'esprit que la couleur l'est à la veuë, ceux qui enseignent les Lettres, donnent plutost les ouuertures que les connoissances : Mais comment pourroit-on prouuer que les esprits fussent naturellement si disposez aux disciplines? puisque les plus excellens mesmes, ont de la peine à comprendre les preceptes, & qu'à moins d'auoir des illuminateurs tres-clairs & tres-methodiques, leurs conceptions sont confuses, leurs iugemens sont incertains, leurs raisonnemens sont informes.

On diuise la Logique artificielle,

dont nous parlerons tantoſt, en inſtructiue & en vſante; c'eſt à dire en celle qui éclaire & en celle qui pratique, en celle qui ordonne & en celle qui execute, en celle qui enſeigne les fondemens de l'argumentation & en celle qui ſuppoſe les raiſons de l'vſage.

La meſme Logique artificielle, qui eſt encore triple, tire ſa ſeconde diuiſion, des trois plus grands Philoſophes du Monde.

La premiere, c'eſt celle de Platon, dans laquelle eſt confonduë celle des Ramiſtes, c'eſt à dire des Iuges du temps, on l'appelle tentatiue, ou dialectique.

La deuxiéme, c'eſt celle d'Ariſtote, qui eſt compriſe dans ſon organe, on l'appelle dogmatique, ou poſitiue.

Et la troiſiéme, c'eſt celle de Raymond Lulle, qui eſt répanduë dans ſes œuures, & on l'appelle l'Art admirable du diſcours.

Il y a bien des Sciences, Il y a donc plus de Logiques vſageres que de Logiques enseignantes, & si cette conclusion est tirée de la multitude des Sciences, c'est parce que toutes les Sciences ne sont que des Logiques diuersifiées.

En effet la Theologie n'est qu'vne Logique appropriée à l'Escriture, aux Peres, aux Traditions, aux Conciles; la Physique, qu'vne Logique appliquée à la matiere, à la forme, aux composez; la Morale, qu'vne Logique ajustée à la Beatitude, aux principes des actions humaines, aux actions; la Iurisprudence, qu'vne Logique attachée au Droit Écrit, au Droit Coustumier, aux Ordonnances, aux Arrests.

Comme celuy qui enseigne la Rhetorique retient le nom de Rheteur, lors qu'il ne passe pas des dogmes à la pratique, celuy qui enseigne la Logique retient aussi le nom de Logicien, lors qu'il ne passe pas des regles à l'vsage: Et comme à l'imitation de la Peinture, qui emprunte son nom de la chose peinte, la Rhetorique emprunte ses titres

à l'intelligence des Dames.

des matieres sur lesquelles elle s'exerce ; la Logique emprunte ses qualitez, des sujets sur lesquels elle s'occupe.

Il ne suffit pas de sçauoir les regles de l'escrime, il faut escrimer : Il ne suffit pas de sçauoir les regles du discours, il faut discourir : L'Art a ses rayons, l'application a ses fermetez ; L'Art est la perfection de la nature, l'exercice est la perfection de l'Art ; Ce n'est pas qu'en vn certain sens, l'Art n'ait de grands aduantages sur la routine, qu'vn Ancien ne l'appelle l'œil de l'œil, & l'instrument de l'instrument ; mais enfin la pratique acquiert tant d'adresse, tant de facilité, tant de promptitude, tant de grace, que ie ne feindray point de dire que les essais, les épreuues, sont de grands Pedagogues, sont d'excellens Precepteurs, & que si i'auois à ietter ma preference, ou sur le simple sçauoir, ou sur le simple vsage, i'aimerois mieux vne connoissance experimentale qu'vne connoissance artificielle.

De l'existence de la Logique artificielle.

L'Existence de la Logique artificielle ne paroist seulement pas dans les volumes qu'on en fait, elle paroist encore dans les usages qu'on en tire ; & ces veritez sont si sensibles qu'elles ne peuuent estre ignorées que des enfans & des stupides, des sourds & des aueugles : Quoy que selon ce que ie viens de dire, il ne faille pas se mettre en peine de prouuer l'existence de la Logique artificielle, il ne sera portant point hors de propos de rapporter sur ce sujet l'argument de Galien.

On peut, dit-il, inferer indifferemment quelque chose, de toutes sortes de propositions, ou on ne le peut pas ; si on le peut, on peut dire le Soleil luit, donc il y a vne Logique : mais on ne peut pas tirer cette consequence, donc il y a vne habitude qui regle les conclusions.

Cet argument fait du bruit dans les Escholes, & cependant ie le treuue defectueux.

Il ne s'enfuit pas qu'il y ait vn Art de difcourir, de ce qu'on ne peut inferer indifferemment quelque chofe, de toutes fortes de propofitions; car comme cette impoffibilité a toûjours efté, la Logique artificielle feroit plus vieille que le Monde.

Il ne s'enfuit pas encores qu'il y ait vn Art de raifonner, de ce qu'on connoift l'incompatibilité de certaines confequences: car outre que l'Art a plus d'eftenduë, il n'y a point d'idiot qui n'ait de ces fortes de lumieres.

Tout ce qu'on peut dire icy, c'eft qu'il y a vne notable difference entre la fimple lumiere naturelle & la lumiere reflechie, que l'vne a fes incertitudes, que l'autre a fes infaillibilitez; que la premiere découre fon foible, dans la peine où elle fe treuue de combattre fortement les moindres fallaces, & que l'autre

A iiij

8 *La Philosophie accommodée* fait voir sa solidité dans la facilité qu'elle a de combatre inuinciblement les plus grands sophismes.

Des noms de la Logique.

Ceux qui ont eu plus de genie que les autres, ne se sont pas contentez d'obseruer les defauts où tomboient les esprits vulgaires, ils se sont efforcez de trouuer les moyens de reformer le raisonnement ; & comme leurs efforts ont glorieusement reüssi, ils ont enfin establydes preceptes, qui sont à ceux qui discourent ce que sont à ceux qui bastissent, les regles & les compas, les plombs & les équieres.

Le recueil des preceptes dont ie parle reçoit diuers noms.

On l'appelle Logique lors qu'on le considere comme vn corps de discipline separé de toute sorte de sujets.

On l'appelle Apodictique, c'est à dire demonstratif, lors qu'on le considere comme occupé sur des matieres évidentes & neceffaires.

On l'appelle Dialectique lors qu'on le confidere comme attaché à des matieres problematiques, c'est à dire qui peuuent receuoir le pour & le contre.

On l'appelle enfin organe lors qu'on le confidere comme capable d'eftre employé à toutes fortes de fciences.

Des caufes efficientes de la Logique artificielle.

DIEV, le genie & l'ambition ont efté les caufes efficientes de la Logique artificielle.

Dieu a efté la premiere caufe efficiente de la Logique artificielle, parce que le genie l'a inuentée, & que Dieu a donné le genie.

Le genie a efté la feconde caufe efficiente de la Logique artificielle, parce que pour redreffer les efprits il faut eftre tout enfemble, & clair-voyant & inuentif, & que le genie a cet aduantage qu'il penetre les defauts, & qu'il découure les expediens.

L'ambition enfin a esté la derniere cause efficiente de la Logique artificielle, parce que cette passion se propose l'éclat, qu'il y a de la gloire à bien commencer, qu'il y a de l'honneur à bien finir, & qu'entre les anciens Philosophes, ceux qui ont esté les plus vains & les plus ingenieux, ont contribué de Siecle en Siecle à la perfection du raisonnement.

De la matiere de la Logique artificielle.

LA matiere de la Logique artificielle est triple.

La premiere, c'est celle en laquelle elle reside, & cette matiere c'est l'entendement.

La seconde, c'est celle de laquelle elle est, & cette matiere ce sont les regles dont elle est composée.

à l'intelligence des Dames. 11

Et la troisiéme, c'est celle enuers laquelle elle s'occupe, & cette matiere ce sont toutes les choses connoissables.

Quoy que la Logique soit de toutes les disciplines, elle a ses affectations, & on peut dire qu'elle a pour particulier objet de son exercice, le sujet de son existence.

L'Esprit, selon le commun des Philosophes, a trois operations.

La premiere consiste à conceuoir nuëment & simplement vne chose.

La deuxiéme consiste à affirmer, ou nier vne chose d'vne autre.

Et la derniere consiste à tirer vne consequence de quelques propositions.

On dit que ces trois actes seruent d'objets à la Logique ; mais outre que la premiere operation doit estre confonduë auec la seconde, qu'elle renferme quelque connoissance, & par consequent quelque iugement, & que le plus & le moins ne changent pas la nature des choses, ie tiens à proprement parler, qu'il n'y a que la troisiéme action qui serue d'exercice à l'Art dont ie traitte, puisque la Logique emprunte ses deffinitions, que l'erreur du iugement, prouient de l'ignorance des matieres, & que c'est aux Sciences des choses, à corriger les erreurs que l'on commet contre elles.

Il est aisé de iuger de ce que nous venons de dire quels sont les objets de la Logique; le premier, à mon aduis, n'est autre chose que ses propres regles, qu'elle considere comme le modelle de ses ratiocinations, & le dernier n'est autre chose aussi que la troisiéme operation de l'esprit, qu'elle considere comme dirigible, c'est à dire comme le sujet de ses reglemens : Mais quoy que ces veritez touchent le sens, qu'elles soient inuincibles, ie ne laisseray pas de traitter à fond des termes & des énonciations, & de suiure en cela le torrent de la coustume.

De la forme de la Logique.

ON difpute dans les Efcholes de quelle forme la Logique eft reueftuë, c'eft à dire de quelle efpece d'habitude elle eft.

Les vns tiennent qu'elle eft vne Science, comme le Docteur fubtil, & le Cardinal Tollet.

Et les autres tiennent qu'elle eft vn Art, comme Zabarel, S. Thomas, & la plufpart des modernes.

I'alleguerois bien les raifons des vns & des autres; mais fans entrer dans l'examen de leurs objections & de leurs réponfes, il fuffit de faire voir que la Logique eft des deux partis.

La Logique eft vne Science, car la Science confifte à connoiftre vne chofe par fes propres caufes: Or le Logicien connoift les caufes du bon fyllogifme, & les caufes du bon fyllogifme ne font autre chofe que les conformitez qui fe treuuent, entre les fyllogifmes & les regles fur lefquelles ils doiuent eſtre formez.

Elle eſt encore vne Science, car vne Science comme corps de diſcipline, renferme la connoiſſance des choſes oppoſées: La Metaphyſique, par exemple, traitte de l'eſtre & du non-eſtre; La Phyſique, de la forme & de la priuation; & la Morale, du bien & du mal. Or la Logique traite des bons argumens, & des mauuaiſes conſequences, des argumens irreprehenſibles, & des ſyllogiſmes fallacieux.

Elle eſt enfin vne Science, car la Science eſt la connoiſſance des cauſes eſſentielles d'vne choſe, & les cauſes eſſentielles d'vne choſe ſont fixes: Or la Logique eſt la connoiſſance des cauſes eſſentielles du bon ſyllogiſme, & les cauſes eſſentielles du bon ſyllogiſme, qui ſont les regles, ſont inuariables.

La Logique eſt auſſi vn Art, puiſque l'Art donne des regles pour faire quelque choſe, & que la Logique donne des preceptes pour faire des argumens.

à l'intelligence des Dames.

Elle est encore vn Art, puisque ce n'est pas en qualité d'Art qu'elle traitte des sophismes, mais en qualité de Science, & que pour preuue de ce que i'aduance, elle ne propose des paralogismes que pour les combatre.

Elle est enfin vn Art, puisque l'Art regarde quelque chose hors de soy, sur laquelle il s'exerce, & que la Logique regarde particulierement la troisiéme operation de l'esprit, sur laquelle elle applique ses regles.

Entre ceux qui sont pour l'Art, il y en a qui disent, que si la Logique estoit vne Science, parce que ses preceptes sont certains, tous les Arts seroient des Sciences; mais outre que la Logique découure les veritables raisons de ses regles, & que la pluspart des autres Arts ne donnent, que les raisons éloignées de leurs principes, il est constant qu'il y a des operations artificielles qui dépendent de la bizarerie des hommes, que l'Art de faire des souliers, des rabats, des chapeaux, des habits, est esclaue des modes, & qu'il y a cent autres Mestiers qui sont sujets à la mesme vicissitude.

On demande icy, si la Logique est vne Science reelle, mais il est aisé de répondre à cette demande. Vne Science reelle consiste à auoir pour objet la nature des choses, mais la Logique a d'autres enuisagemens; Il est d'elle comme de la Grammaire : La Grammaire regle les mouuemens de la langue, & elle ne s'arreste pas à la nature du mouuement : La Logique regle la troisiéme operation de l'esprit, & elle ne s'arreste pas à la nature de l'operation : La Grammaire ne considere les paroles que pour en faire des assemblemens qui ayent la vertu de signifier : & la Logique ne considere les termes & les propositions que pour en faire des liaisons qui ayent la vertu de conclure.

La Logique est vn outil dont l'esprit se sert pour acquerir les Sciences; & il est certain qu'vn instrument

ment est toûjours destaché des choses à la fabrique desquelles il est employé.

La Logique, comme ie viens de dire, ne se propose pas de donner les Sciences, elle se propose de fournir les moyens de sçauoir.

Comme celuy qui sçait les langues ne connoist pas, en-tant que Grammairien, les matieres qui sont exprimées par les langues qu'il sçait, mais est en passe de les connoistre par la connoissance des idiomes qui les expriment : Le Logicien aussi qui sçait les regles du discours, ne connoist pas, en-tant que Logicien, les matieres sur lesquelles il applique ses regles, mais est en disposition de connoistre la bonté des conclusions où resident les Sciences, par l'intelligence qu'il a de l'Art, qui apprend à bien conclure. Aristote dans son organe ne compose ses argumens que de l'A, du B, & du C : Et quoy qu'il ait pû se seruir des exemples que nous rapportons, neantmoins il a eu si grand peur de faire d'vn corps de regles vn corps de Science, que son Traitté du syllogisme n'est comme remply que de lettres.

La Logique est vne Science rationelle, car outre que les regles du discours sont des estres de raison, elle connoist ses regles ; & comme les connoissances sont les images des objets, il est iuste que la Science du raisonnement porte le nom de rationelle.

Disons plus, la Logique impose les noms aux noms, c'est à dire les noms de genre & d'espece aux noms des choses, elle forme les propositions, elle construit les argumens ; & toutes ces actions sont des actions de raison.

On demande encores icy si la Logique est pratique, il n'est pas difficile de resoudre le doute.

Vne Science speculatiue ne contemple son objet que pour le contempler, & la Logique ne considere ses propres regles que pour en faire des applications. Ce n'est pas qu'il n'y ait des curieux qui eſtudient la Peinture, & qui mépriſent le pinceau, qu'il n'y ait des gens qui apprennent la Logique, & qui negligent le ſyllogiſme ; mais l'Art a ſes determinations, & le ſpeculatif a ſes indifferences ; l'vn a ſes fins & l'autre a ſes bizareries.

Le Speculatif s'arreſte à la forme qu'il treuue, c'eſt à dire à la perfection qu'il découure, & le Pratique paſſe à la forme, qu'il ne découure pas, c'eſt à dire à la perfection qu'il veut introduire ; Le Contemplatif ſuppoſe ſon objet, & le Pratique projette ſa fin ; Le Philoſophe naturel, par exemple, ſuppoſe le Ciel qu'il contemple, & le Philoſophe moral projete la vertu qu'il veut inſpirer.

Comme les Sciences pratiques ont deux objets, elles ont deux intentions.

La Morale a pour premier objet la vertu, & elle a pour ſecond l'ame humaine, où elle introduit ce qu'elle enuiſage.

La Medecine a pour premier objet les aphorifmes, & elle a pour second le corps de l'animal où elle fait ses fonctions.

Le Statuaire a pour premier objet les regles de son Art, & il a pour second la pierre où il exerce le cizeau.

Le Logicien a pour premier objet les preceptes du discours, & il a pour second l'entendement, où il fait ses applications.

Le Philosophe moral par sa premiere intention tend à connoistre les moyens de bien agir, & par l'autre il tend à bien compasser ses actions.

Le Medecin par son premier dessein tend à connoistre les moyens de chasser la maladie, & d'entretenir la santé, & par l'autre il tend à heureusement appliquer ses lumieres.

Le Statuaire par son premier mouuement tend à connoistre les moyens de bien representer sur la pierre, ou sur le bois ce que son imagination luy pourra proposer,

& par l'autre il tend à bien ioindre l'operation à la connoissance.

Le Logicien par sa premiere inclination tend à connoistre les moyens de bien faire des syllogismes, & par l'autre, il tend à bien tirer des consequences.

De l'essence de la Logique.

POUR donner vne idée vague de la Logique, il faut dire que c'est vne connoissance qui regle le discours ; mais pour distinguer la Logique artificielle de la Logique naturelle, il faut dire que c'est vn Art qui découure les moyens de bien argumenter.

L'Art est vne habitude qui incline la faculté à faire facilement quelque chose.

Des differences de la Logique artificielle.

LA Logique artificielle differe de la Rhetorique & de la Grammaire.

Elle differe de la Rhetorique, parce qu'elle donne des preceptes pour la probabilité & pour la demonstration, & que la Rhetorique ne donne des regles que pour la probabilité, qu'elle tire de son fonds les preceptes qu'elle donne, & que la Rhetorique emprunte d'elle la pluspart des regles qu'elle prescrit, qu'elle considere plus la force des mots que l'embellissement des pensées, & que la Rhetorique considere plus l'ornement des conceptions que l'énergie des termes.

Elle differe aussi de la Grammaire, parce qu'elle est vn Art & vne Science, & que la Grammaire n'est qu'vn Art; qu'elle regle le discours, & que la Grammaire ne regle que la diction ; qu'elle doit sa naissance aux lumieres de l'entendement, & que la Grammaire ne doit son origine qu'aux caprices de la volonté.

Encore que la Logique artificielle soit vne Science pratique, elle differe de la Morale.

La Morale a quelquefois pour sujet & l'entendement & la volonté, & la Logique n'a pour sujet que l'entendement.

La Morale regarde l'agir, ou l'action, & la Logique ne considere que le faire, ou l'ouurage ; c'est à dire, que la diuision, la deffinition, l'argument, & la methode.

La Morale a pour objet l'intention, & la Logique n'a pour but que l'industrie.

La Morale enfin ne tend qu'à reueftir les hommes de la simple qualité de bon, & la Logique ne tend qu'à faire de bons Logiciens.

Des proprietez de la Logique artificielle.

LEs proprietez de la Logique artificielle consistent à rendre l'esprit vaste, net, fort, & hardy.

La Logique parle de toutes choses, parce que tout est compris dans les cathegories dont elle discourt.

Le mesme traitté des cathegories preuient la confusion, parce qu'il separe ce que la nature a conjoint.

Les regles du syllogisme fortifient le raisonnement, parce qu'elles apprennent à donner la veritable raison des choses.

Les mesmes regles inspirent la hardiesse, parce qu'on ne peut pecher contre le bon sens, & suiure le sens rafiné des plus grands hommes.

Des causes finales de la Logique artificielle.

LA connoissance, la direction & l'vtilité sont les causes finales de la Logique artificielle.

Cet Art se propose premierement de donner la connoissance des preceptes qui sont necessaires pour la construction d'vn bon discours.

Il se propose en second lieu, de donner sur les mesmes preceptes, des exemples qui soient tout ensemble, & des illustrations & des modeles.

Et il se propose enfin par le mesme don des preceptes & des exemples, de porter dans les disciplines le discernement & la specification, l'éuidence & la subordination, c'est à dire en paroles plus claires, qu'il se propose d'appliquer aux autres Sciences, les loix de la diuision & de la deffinition, de l'argumentation & de la methode.

Quelques-vns ont creu que la veritable fin de la Logique ne confiſtoit en autre choſe, qu'à donner les moyens de diſcerner le vray d'auecque le faux; mais ce diſcernement appartient aux Sciences reelles : & ſi la Logique artificielle traitte des fallaces, ce n'eſt que pour donner quelque teinture des lieux d'où on les tire.

Des parties de la Logique.

LEs parties de la Logique égalent les parties de ſa fin : & parce que ſa fin, qui eſt le ſyllogiſme, ſuppoſe trois choſes ; qu'elle ſuppoſe l'aſſemblage des propoſitions, & par conſequent les propoſitions & les termes, il n'y a point de doute que la Logique a trois parties.

On me dira, peut-eſtre, que la pluſpart des Logiciens traittent de la Methode, & par conſequent que la diuiſion que i'ay faite des parties de la Logique eſt defectueuſe : Mais il ſuffit de répondre à cela, qu'il n'y a point de liaison entre la Methode d'enseigner les Sciences, & l'Art de composer des syllogismes; que la Methode est du nombre des Traittez dont le lieu est douteux; que la Rhetorique traitte toûjours de la disposition; que la disposition parle de l'ordre des choses; & que dans la multitude des ordres qu'elle renferme, on peut iustement placer l'ordre des disciplines.

PREMIERE PARTIE DE LA LOGIQVE.

LE signe est vn estre qui en represente vn autre.

Le signe est de grande estenduë, il s'estend sur ce qui a esté, sur ce qui est, & sur ce qui sera.

Les traces nous apprennent qu'vn sanglier a passé.

Les larmes nous découurent qu'vne personne est triste.

Et l'Arc en Ciel nous fait connoistre qu'il y aura abondance de pluye.

Le signe reçoit beaucoup de diuisions : Mais pour n'estre point ennuyeux, nous ne rapporterons que les plus considerables.

On diuise le signe en materiel, & en comme spirituel.

Le signe materiel, c'est celuy qui en se faisant voir fait connoistre autre chose: Vn portrait, vne statuë, est vne copie materielle, qui en se faisant voir, découure les traits de l'original.

Le signe comme spirituel, c'est celuy qui sans se faire voir, fait connoistre autre chose: Les images qui sont imprimées dans nos sens, sont des signes comme spirituels, qui sans se faire voir exterieurement, font connoistre les objets exterieurs. I'ay dit, comme spirituels, pour ne point vser du mot de formels, parce qu'encores, par exemple, que l'image d'vne muraille tienne du fonds d'où elle est enuoyée, elle est neantmoins comme spirituelle au regard de la masse d'où elle est sortie, parce que son estre est extrémement mince.

On diuise encore le signe en signe seulement, & en signe personnel.

Le signe seulement, c'est celuy qui represente vne chose sans exiger quelque chose, ou si elle exige quelque chofe, c'eft quelque retenuë : La ftatuë du Prince dans vne place publique eft vn figne feulement qui reprefente l'idée fur laquelle elle a efté faite, & qui n'exigeant tout au plus que des confiderations politiques, n'exige que quelque crainte refpectueufe.

Le figne perfonnel, c'eft celuy qui exige non feulement des retenuës, mais encores des honneurs : La figure du Prince qui eft portée dans les funerailles, eft vn figne perfonnel, qui exige les mefmes honneurs qu'on rendroit au veritable Prince, s'il eftoit viuant.

On diuife encores le figne en figne d'accouftumance, & en figne de couftume.

Le figne d'accouftumance, c'eft celuy qu'on affecte pour faire connoiftre quelque chofe : Les geftes des muëts font des fignes d'accouftumance, qui reprefentent leurs penfées, leurs intentions, & leurs neceffitez.

On reduit fous le figne d'accoustumance les voix inarticulées, qui sont comme des habitudes naturelles : Le bruit que fait le cerf lors qu'il est en rut, est vne voix inarticulée, c'est à dire, confuse, indistincte, qui exprime sa passion, sa langueur.

Le signe de coustume, c'est celuy dont on se sert en quelques endroits pour signifier quelque chose : Le chapeau de fleurs qu'on applique sur la teste des filles, est vn signe de coustume, qui signifie en France que les filles se marient.

On diuise encores le signe en signe naturel, & en signe artificiel.

Le signe naturel, c'est celuy qui represente à la connoissance de tous les hommes vne mesme chose : La fumée est vn signe naturel, qui represente toûjours du feu.

Le signe artificiel, c'est celuy que les hommes ont inuenté, pour faire connoistre quelque chose : Vne regle pendante est vn signe artificiel, qui signifie qu'il y a du danger en vn certain endroit de la ruë.

Il y a des signes qui sont mixtes, c'est à dire qui sont meslez du naturel & de l'artificiel : Les mouuemens, par exemple, que l'Eglise a prescrits pour honorer Dieu, sont naturels & artificiels. Ils sont naturels, parce que les mouuemens viennent des puissances de la nature, & ils sont artificiels, parce qu'ils sont compassez par la prudence des Prelats.

Les signes artificiels, ou de coustume, sont aussi des signes d'imposition, & les signes d'imposition, ce sont les termes.

Des termes.

LEs mots, les termes, les paroles, sont icy vne mesme chose.

Les paroles sont triples, les vnes sont mentales, les autres sont vocales, & les autres sont écrites.

Les paroles mentales ce sont les pensées, & les autres paroles, ce sont celles qui les expriment.

Les pensées sont appellées paro-

Premiere Partie. 33

les mentales, parce que comme les paroles vocales, ou écrites, reprefentent les penfées à l'oreille, ou à l'œil, les penfées reprefentent les chofes à l'efprit.

Les paroles mentales font doubles, les vnes font parfaites, & les autres ne le font pas.

Les paroles mentales parfaites, ce font celles qui comprennent la fignification des paroles externes; Et ainfi vn homme eft dit, conceuoir parfaitement le mot de vertu, quand il entend ce qu'il exprime.

Les paroles mentales imparfaites, ce font celles qui ne comprennent pas la fignification des paroles vocales : Et ainfi vn homme eft dit, conceuoir imparfaitement le mot d'oftracifme, lors qu'il ne fçait pas ce qu'il fignifie.

Auant que de parler de la parole vocale, ou écrite, il eft à propos de fçauoir, fi toutes les paroles externes font reprefentatiues.

Ceux qui difent que tous les termes fignifient quelque chofe, alleguent que les mots sont d'institution humaine, que toute institution a vne fin, & que la fin de cette institution est la representation des choses.

Ceux qui tiennent le party contraire disent, que les mots de tenebres, de mort & de chimere, signifient des priuations & des impossibilitez, & par consequent que tous les mots ne representent pas quelque chose.

Pour resoudre la question, il suffit de répondre à cela, que le mot de tenebres, signifie l'air qui n'a point de lumiere; que le mot de mort, signifie vn corps qui n'a plus d'ame; & que le mot de chimere, signifie vne imagination qui assemble ce que la nature n'assemble point.

La parole externe est diuersement nommée, on l'appelle tantost parole de Logique, & tantost parole de Grammaire.

La parole de Logique, c'est celle qui engendre par sa propre force la connoissance d'vne chose : & ainsi quand on dit par la diuision suiuante,

Tout animal a instinct ou raison, On fait connoistre, sans rien dire dauantage, que la pierre n'est point vn animal, parce qu'elle n'a ny sens, ny esprit : & ainsi quand on dit par forme de syllogisme,

Tout homme est animal,
Pierre est homme.
On fait connoistre aussi, sans rien dire dauantage, que Pierre est animal, parce que Pierre est homme, & que qui dit tout n'excepte rien.

La parole de Grammaire, comme nous auons cy-deuant dit, est vn mot qui signifie par institution, quelque chose : Le mot de gendarme, par exemple, signifie selon le bon plaisir des hommes, & vne paille de diamant, & vn homme de solde.

On appelle encores la parole externe, parole rememoratiue, & parole productiue.

Les paroles rememoratiues & productiues, ce sont le *Cecy est mon*

Corps, que le Prestre prononce à l'Autel, parce qu'elles produisent ce qu'elles signifient, & qu'elles signifient ce qu'elles ont produit.

On appelle enfin la parole externe, parole particuliere, & parole singuliere; parole vniuerselle, & parole demonstratiue; parole figurée, & parole conuentionnelle; parole concrete, & parole conotatiue; parole abstraite, & parole absoluë; parole paronyme, & parole positiue; parole collectiue, & parole équiuoque; parole analogue, & parole generique; parole specifique, & parole differentielle; parole propre, & parole accidentelle.

La parole particuliere, c'est celle qui exprime indeterminément ce qu'on a dans la pensée: Quand on dit, quelque Autheur est de ce sentiment, le mot de quelque est vn terme particulier, qui signifie indeterminément vne personne.

La parole singuliere, c'est celle qui exprime determinément ce qu'on a dans l'imagination. Quand on dit,

Aristote a dit telle chose, le mot d'Aristote est vne parole singuliere, qui signifie distinctement vn homme.

La parole vniuerselle icy, c'est celle qui signifie également, ou inégament plusieurs choses : Le mot de vertu, est vn terme vniuersel, qui signifie également les vertus morales, & les vertus intellectuelles, & le mot d'estre est vn terme vniuersel, qui signifie inégalement les substances, & les accidens.

La parole demonstratiue, c'est celle qui exprime distinctement vne chose qu'on voit, qu'on flaire, qu'on touche, &c. Quand on dit, parlant d'vn homme qu'on voit, Cet homme est Philosophe, le mot de cet, qui signifie distinctement la personne, supplée au defaut du mot singulier.

La parole figurée, c'est celle qui par excellence donne à vn seul homme vn nom qui conuient vaguement à plusieurs : Quand on dit, L'Orateur de Rome enseigne cette doctrine, le mot d'Orateur, qui conuient vaguement à tous les Romains qui se meslent d'Eloquence, signifie particulierement le plus excellent, c'est à dire Ciceron.

La parole conuentionnelle, c'est celle qui exprime vne chose qui est fort éloignée de l'ordinaire signification du mot : Quand on dit en France, Le Dauphin est à S. Germain en Laye, on dit en vn terme fort élogné du sens ordinaire, Le fils aisné du Roy est à S. Germain en Laye.

La parole concrete, c'est celle qui signifie la nature d'vne chose conjointe à sa singularité : Le mot de blanc est vne parole concrete, qui signifie vne blancheur attachée à la muraille, à la neige, ou à quelque autre chose.

La parole conotatiue, est vn terme concret ; mais la difference qui se treuue entr'eux, c'est que les termes concrets ne donnent en aucune façon la connoissance des choses ausquelles les natures sont conjointes, & que les termes conotatifs donnent indeterminément la connoissance des choses ausquelles les natures sont vnies : Le mot de beau, par exemple, est vn terme concret, qui signifie la beauté comme attachée à quelque chose, mais il ne donne en aucune façon la connoissance de la chose : Le mot de père, par exemple aussi, signifie la paternité comme attachée à quelque sujet, mais il donne indeterminément la connoissance du sujet.

La parole abstraite, c'est celle qui signifie vne nature destachée de sa singularité : Le mot d'humanité est vne parole abstraite, qui signifie vne chose separée d'vne autre, à laquelle elle est neantmoins vnie. On voit bien des hommes, mais on n'a iamais veu des humanitez.

Il est important de remarquer, que les choses qui sont exprimées par les termes abstraits, sont aux choses qui sont exprimées par les termes concrets, ce que les formes sont aux matieres; que la forme est vn principe, qui fait qu'vne chose est ce qu'elle est ; que la chose qui est exprimée par le mot de sagesse, est ce qui fait le sage ; que la chose qui est exprimée par le mot d'humanité, est ce qui fait l'homme.

Il est important de remarquer encores, que les choses qui sont exprimées par les termes abstraits ne doiuent pas estre attribuées aux choses qui sont exprimées par les termes concrets : qu'on ne peut raisonnablement dire, par exemple, que l'homme est humanité, parce que l'homme renferme quelque chose de plus que son essence ; que l'humanité, qui est son essence, est considerée comme destachée des accidens qui l'enuironnent ; qu'il implique contradiction ; que la partie soit le tout ; & que ce qui est consideré comme separé de la singularité, soit exprimé comme attaché à la singularité mesme.

La parole absoluë, qui est opposée à la parole relatiue, c'est celle dont la signification ne renferme aucun rapport : Le mot d'arbre est vn terme absolu,

absolu, parce qu'on peut le conceuoir, sans conceuoir vn autre estre. Les paroles abstraites peuuent passer pour absoluës, parce qu'elles expriment les choses comme indépendantes de leur singularité : Mais comme les choses qu'elles expriment comme indépendantes de leur singularité, dépendent de la separation que l'esprit fait des choses, leur indépendance est imparfaite.

La parole paronyme, c'est celle qui renferme dans sa signification son terme radical, c'est à dire le mot d'où elle deriue : Le mot de iuste est vne parole paronyme, qui renferme dans sa signification son terme originel, c'est à dire la iustice : car le iuste n'est iuste que par elle.

Comme la parole priuatiue exprime ce qui n'est pas, la parole positiue exprime ce qui est : Si le mot d'aueugle est vn terme priuatif, le mot de voyant est vn terme reel.

La parole collectiue, c'est celle qui peut s'attribuer à plusieurs choses conjointement prises : Le mot

D

de douze est vn terme collectif, parce qu'on peut dire, les Apostres sont douze.

Quelques-vns disent, que la parole equiuoque, c'est celle qui s'attribuë à plusieurs choses qui ordinairement n'ont rien de commun que le nom : Le mot de coin est vn mot équiuoque ; car hors le nom, quelle conuenance y a-t'il entre le coin d'vn arbre & le coin d'vne ruë? I'ay dit, qui ordinairement n'ont rien de commun que le nom ; car il y a des équiuoques de raison & d'analogie. Le Belier celeste est vn terme équiuoque de raison, parce que comme aussi tost que le Soleil passe par ce Signe, qui est en Mars, la chaleur de l'Astre commence à faire sentir la vertu de son passage : Le Mouton en ce temps-là commence à faire sentir la force de ses cornes. Le Taureau celeste est aussi vn terme équiuoque de raison, parce que comme dés que le Soleil entre par ce Signe, qui est en Auril, il augmente en vigueur, le Taureau en ce mois-là augmente en force. La Canicule est encore vn terme équiuoque de raison, parce qu'outre qu'il y a quelque rapport entre la figure de ce Signe & celle du Chien, il y en a encores entre son influence, & le temperament de la beste dont elle porte le nom.

Quelques autres disent, que la parole équiuoque c'est celle qui s'attribuë à plusieurs choses, pour diuerses raisons: Le mot de Louïs, par exemple, peut estre équiuoque; car il peut estre donné à vn enfant, ou à cause du nom du parain, ou à cause du nom de l'Eglise, ou à cause du iour du Baptesme.

La parole analogue, qui est équiuoque aussi, c'est celle qui s'attribuë à plusieurs choses, qui hors quelque petit rapport qu'elles ont entr'elles, n'ont rien de commun que le nom. Le mot de pied est vn terme analogue; car il s'attribuë aux animaux, aux tables, aux verres, aux murailles, & à quelque autre chose: Mais hors le rapport qui se treuue entre le pied qui souſtient la muraille, & le pied qui porte l'animal, quelle conuenance y a-t'il, entre l'animal, & la muraille?

La parole analogue eſt double, l'vne eſt de conuenance, & l'autre de participation.

La parole de conuenance, comme ie viens de dire, c'eſt celle qui exprime le rapport qui ſe treuue entre les choſes: Le portrait de Guillaume eſt appellé Guillaume, à cauſe du rapport qu'il y a, entre les traits de la copie, & celuy de l'original. Vne belle campagne eſt dite riante, à cauſe de l'analogie qui ſe treuue entre ſon agrément, & celuy du ris: Mais auant que de parler de la parole analogue de participation, il eſt iuſte de dire quelque choſe de la parole analogue de proportionalité.

La parole analogue de proportionalité, c'eſt celle qui renferme dans ſa ſignification pluſieurs proportions. Le mot de voir, par exemple, eſt vn terme analogue de proportionalité, parce qu'il eſt analogue au respect de la veuë corporelle, & au regard de la veuë intellectuelle ; que comme la veuë corporelle montre l'espece au sens, la veuë spirituelle represente l'objet à l'ame ; & que comme la vision se rapporte à la faculté sensitiue, l'intellection se rapporte à la faculté raisonnable.

La parole analogue de participation, c'est celle qui se dit proprement d'vne chose, & qui s'attribuë improprement à quelques autres. Le mot de sain est vn terme analogue de participation, parce qu'il s'attribuë proprement à l'animal, & improprement à plusieurs autres choses : Il s'attribuë à l'animal, comme à son sujet naturel ; à l'aliment, comme à sa cause conseruante ; à la medecine, comme à sa cause purgatiue ; à la promenade, comme à sa cause auxiliaire ; au pouls & à l'vrine, comme à ses causes indiquantes : Il s'attribuë à l'animal, comme à son propre sujet, parce que la santé n'est autre chose que la temperature des humeurs, & que cette temperature ne se treuue qu'aux animaux : & il s'attribuë improprement à l'aliment, à la medecine, à la promenade, au pouls, & à l'vrine, parce qu'encores que l'aliment entretienne la vie, que la medecine chasse les mauuaises humeurs, que la promenade reueille la chaleur naturelle, que le pouls & l'vrine portent les marques de la santé, & par consequent que toutes ces choses renferment quelque chose de sain, neantmoins il est vray de dire, que la santé est le seul partage des animaux, parce qu'elle ne reside radicalement qu'aux sujets qui sont capables de maladie, & qu'il n'y a que les animaux qui soient capables de cet accident.

Le mot de genre a plusieurs significations.

On dit, Orestes eut pour son genre Agamemnon.

Pindare eut pour son genre Thebes.

Les Heraclides eurent pour leur genre Hercules.

On dit encores, Il n'est pas de ce genre.

Ne le mettez pas de ce genre.

Son genre de mort est estrange.

Le genre humain estoit perdu.

Dans la premiere phrase, il signifie pere.

Dans la seconde, il signifie patrie.

Dans la troisiéme, il signifie le premier d'vne race.

Dans la quatriéme, il signifie volée, force.

Dans la cinquiéme, il signifie ordre, rang.

Dans la sixiéme, il signifie espece, sorte.

Et dans la derniere, il signifie le recueil, le ramas, la totalité de quelque chose : Mais pour parler du genre en Logicien, ou pour mieux dire, selon que ie le conçoy, on peut dire, que c'est vne parole qui renferme dans l'estenduë de sa signification, la conuenance partiellement essentielle qui se treuue entre plusieurs choses. Quand on dit, l'animal se meut, le mot d'animal en cet endroit est vne parole generique, qui renferme dans l'estenduë de sa signification la conuenance partiellement essentielle, qui se treuue entre les hommes & les bestes, parce que les hommes & les bestes sont des animaux, & que c'est en cela seulement qu'ils conuiennent.

Il faut remarquer en passant, & vne fois pour toutes, que le mot d'animal, par exemple, peut receuoir diuers enuisagemens, qu'au regard de la vertu qu'il a de signifier vn animal, il est particulier, & qu'au regard de la vertu qu'il a de signifier vne conuenance, il est genre; qu'au premier sens il est appellé le nom de la chose, & qu'en l'autre il est appellé le nom du nom.

La mesme parole generique reçoit vne autre deffinition. On dit ordinairement, que c'est ce qui peut estre attribué à plusieurs choses de differente nature. Quand on dit, l'homme est animal, le mot d'animal est pris pour vn genre, parce qu'il peut estre attribué à l'homme, à la beste, à Guillaume, à mon chat : Mais cette parole generique est improprement generique ; car à la rigueur, la proposition que ie viens de faire, ne signifie autre chose, si ce n'est que l'homme est vn animal ; & en ce sens l'animal qu'on attribuë à l'homme ne represente pas tous les animaux ; Que si en cet endroit l'animal estoit vn genre, il s'ensuiuroit qu'vn genre comme genre, seroit dans vne de ses especes, ce qui n'est pas.

La parole generique est encores autrement deffinie : Quelques-vns disent, que c'est celle qui exprime indeterminément vn estre capable d'estre determiné par des differences essentiellement opposées. Le mot de substance, precisément pris, est selon leur opinion, vne parole generique, parce qu'elle represente vn estre qui peut estre differentié par le spirituel, & par le corporel : Mais vn veritable genre doit representer vne realité, & la substance qu'ils posent est vne fiction. Que si le mot

E

de substance est vn mot generique, c'est parce qu'il represente tout ce qui contient en soy la vertu de subsister.

J'admets des termes vniuersels, mais ie ne reconnois point de natures vniuerselles. S'il y auoit, par exemple, vne nature sensitiue en plusieurs bestes, vne nature humaine en plusieurs hommes, il arriueroit de là que la nature seroit capable de contradiction : car si la mesme nature sensitiue, ou humaine, estoit en plusieurs sujets, elle seroit tout ensemble, & vne & plusieurs, c'est à dire indiuisible & diuisée ; ce qui n'est pas naturellement conceuable.

Disons plus, les natures vniuerselles seroient dans les choses, ou elles n'y seroient pas.

Si elles estoient dans les choses, elles perdroient leur vniuersalité, car elles seroient bornées par les bornes de leur indiuiduation : & comme par ces bornes les vnes ne seroient pas les autres, on ne pourroit pas dire, par exemple, Pierre est sensitif de la nature sensitiue de Iacques; & par consequent la nature sensitiue perdroit son vniuersalité.

Et si elles estoient hors des choses, elles seroient inutiles, puisque les hommes & les bestes, par exemple, seroient des hommes & des bestes, sans l'homme ideal & sans la beste imaginaire.

Il ne sert de rien d'alleguer icy les vniuersaux auant les choses, aux choses, & aprés les choses; Que l'idée de chaque estre, qui est en Dieu, ou pour mieux dire, qui est Dieu mesme, est l'vniuersel auant plusieurs; Que la mesme idée, qui comme vn chiffre, est grauée sur les choses, est l'vniuersel en plusieurs, & que l'image precise qui reste en l'entendement de la mesme idée, est l'vniuersel aprés plusieurs. Dieu a fabriqué tous les estres sur sa seule essence, car elle contient simplement toutes choses; mais quand il les a mis au Monde, il les a renfermez dans les limites de leur singularité. Vn homme n'est pas vn autre homme; quand l'vn dort, l'autre veille; quand l'vn se remplit, l'autre se vuide; quand l'vn est condamné, l'autre est absous. Que si, à l'exception de Dieu, qui est le véritable cachet qui a imprimé ses idées sur le neant, il y auoit des natures vniuerselles qui fussent hors des choses, où seroit leur demeure? de quelles couleurs seroient-elles reueftuës? & de quels alimens seroient-elles nourries?

Les hommes, disent quelques-vns, conuiennent en la nature humaine, donc il y a vne nature vniuerselle : Comme la proposition est erronée, la conclusion est fausse. Tous les hommes conuiennent en quelque chose, il est vray; mais c'est en ce qu'ils ont chacun vne nature semblable à celle des autres : & comme il n'y a point d'vnité reelle qui soit distincte d eux, il n'y a point aussi de nature humaine vniuerselle.

La parole generique dont nous

auons cy deuant parlé, est de deux sortes : Il y en a vne qui ne peut estre espece, comme le mot de substance ; & il y en a vne autre qui est genre & espece, comme le mot d'animal : car l'animal est vn genre au respect de l'homme & de la beste, & il est vne espece au respect du viuant.

Pour bien entendre cecy, il faut ietter les yeux sur la table suiuante.

Substance.

Corporelle.   *Incorporelle.*

Corps.

Animé.   *Inanimé.*

Viuant.

Sensitif.   *Non sensitif.*

Animal.

Raisonnable.   *Irraisonnable.*

Homme.

Pierre.

Il faut remarquer que dans l'ordre des mots categoriques, ce qui est au dessus d'vn autre est appellé genre, & que ce qui est au dessous est appellé espece.

Il faut remarquer encores, que le mot de substance est vn genre souuerain, parce que dans l'estenduë de la table il n'a rien au dessus de luy, & que le mot d'homme est vne espece infime, c'est à dire tres basse, parce qu'il n'a au dessous de luy que des singuliers.

La parole differentielle, c'est celle qui renferme dans l'estenduë de sa signification tout ce qui fait differer vne chose d'vne autre.

Les choses different de singularité, comme Pierre de Paul.

D'espece, comme l'homme du cheual.

De genre prochain, comme l'homme de la pierre : car selon la table categorique que nous auons exposée, l'homme a pour genre prochain l'animal, & la pierre a pour genre prochain le corps.

Les choses different enfin de categorie, comme l'homme de la blancheur : car l'homme est sous la categorie de la substance, & la blancheur est sous celle de la qualité.

Quelques esprits disent icy, qu'on a tort de diuiser l'estre en ce qui subsiste, & en ce qui adhere : Que les differences substantielles sont des estres, & qu'elles ne sont, ny du rang des choses qui subsistent, ny de l'ordre de celles qui sont soustenuës.

On répond à cela, que quand on diuise l'estre en substance, & en accident, on exclud de cette diuision les differences substancielles, parce que ces sortes de differences sont des estres incomplets; Qu'elles ne peuuent subsister qu'auecque les supposts qu'elles differentient, & qu'il est impossible que ce qui distingue essentiellement les substances soit accidentel aux choses qu'il distingue.

La parole specifique, c'est celle qui renferme dans l'estenduë de sa signification la conuenance totallement essentielle qui se treuue entre plusieurs singuliers : Quand on dit, l'homme est risible, l'homme est vne parole specifique, qui renferme dans l'eſtenduë de ſa ſignification la conuenance totalement eſſentielle qui ſe treuue entre Pierre, Iacques, & les autres indiuidus, parce qu'ils ſont tous hommes, & qu'ils conuiennent par conſequent en totalité de nature.

Il y a quatre ſortes de propres : Il y a des propres qui conuiennent à vne ſeule eſpece, c'eſt à dire à vne ſeule ſorte d'eſtre, mais qui ne conuiennent pas à toute l'eſpece : Il conuient à la ſeule nature humaine d'eſtre Philoſophe, mais tous les hommes ne ſont pas propres à philoſopher.

Il y a des propres auſſi qui conuiennent à tous les indiuidus d'vne certaine ſorte d'eſtre ; mais qui ne conuiennent pas à la ſeule eſpece : Il conuient à tous les hommes d'auoir deux pieds, mais ils ont cela de commun auecque les poules.

Il y a des propres encores qui conuiennent à tous les indiuidus d'vne ſorte d'eſtre, mais qui ne conuiennent pas toûjours : Il conuient à tous les hommes d'estre chenus, mais c'est ordinairement sur la fin de la virilité.

Il y a des propres enfin qui conuiennent à tous les indiuidus d'vne sorte d'estre, à eux seuls & toûjours : Il conuient à tous les hommes d'estre risibles, à eux seuls & en tout temps.

Les propres dont nous entendons parler icy, sont de la derniere espece, & on peut dire que les paroles qui les expriment renferment dans l'estenduë de leur signification tous les accidens qui deriuent de de l'essence des choses.

Les proprietez ne sont pas de l'essence, elles la supposent.

Elles ne sont pas de l'essence, elles arriuent à l'essence, & elles supposent l'essence : car ce qui arriue à vne chose, suppose l'estre de la chose.

Elles sont dans les essences comme dans leurs propres sujets, & elles en decoulent comme de leurs propres causes.

Pour bien entendre cecy, il faut remarquer qu'il y a deux sortes de causes efficientes : Qu'il y en a vne qui produit son effet hors de soy, comme le feu qui introduit sa chaleur dans le bois, & cette action s'appelle proprement production; & qu'il y en a vne autre qui ne produit son effet qu'en soy mesme, comme l'intellect, qui ne forme ses pensées qu'en son fonds, & cette action s'appelle proprement émanation. Les proprietez dont ie parle ne sortent pas de l'essence, comme la chaleur fait du feu, mais comme la conception fait de l'entendement.

La lumiere sort necessairement du Soleil, mais elle sort aussi des pierres precieuses, de l'écume de la mer, des vers luisans, des yeux de chats, &c.

Le croassement decoule necessairement du corbeau, mais il ne decoule que de ce principe, c'est son second caractere, sa seconde marque : & c'est de cette sorte de propriété dont on parle, quand on parle du propre au quatriéme degré.

Le terme d'accident, largement pris, comprend tout ce qui peut arriuer à vne chose, & ainsi les formes mesmes substantielles, sont des accidens, parce qu'elles arriuent en la matiere.

Le mot d'accident appartient encores à tout ce qui n'est pas de la nature d'vne chose; & en ce sens, toutes les choses qui ne sont pas de la nature du bois, comme les Cieux, les Elemens, les hommes, sont des accidens au respect de ce mixte: Mais pour bien deffinir la parole accidentelle, on doit dire, que c'est celle qui renferme dans l'estenduë de sa signification tous les estres qui ont besoin d'appuy pour exister, ou pour mieux parler, tous les estres qui ne peuuent faire vne partie d'vn tout subsistant.

Quoy que pour ne point confondre les choses, on ne deust parler icy que des accidens muables, nous ne laisserons pas de suiure les diuisions ordinaires.

Il y a deux sortes d'accidens, les vns sont separables, les autres ne le sont pas

Les separables, ce sont comme les Sciences, & les couleurs.

Et les inseparables, ce sont comme les proprietez, & les figures.

Les inseparables sont doubles, les vns sont communs, & les autres sont determinez.

Ceux qui sont communs sont inconuertibles auecque leurs sujets ; c'est à dire, que qui pose le sujet pose l'accident ; mais que qui pose l'accident inseparable du sujet ne pose pas toûjours le sujet ; & ainsi qui pose la neige pose le blanc, mais qui pose le blanc ne pose pas toûjours la neige, parce que la blancheur, qui est vn accident inseparable au respect de la neige, est vn accident commun au respect de quelques autres substances. Le sucre est blanc, la toille est blanche, & ainsi des autres choses.

Ceux qui sont determinez sont conuertibles auecque leurs sujets ;

c'est à dire, que qui pose le sujet pose l'accident, & que qui pose l'accident pose le sujet ; & ainsi, qui pose le corbeau pose le croassement, & qui pose le croassement pose le corbeau.

On diuise encores les accidens en perfectifs, & en destructifs.

Les premiers, ce sont comme les Sciences en l'entendement, les Vertus morales en l'appetit, & les Arts en la main.

Et les autres, ce sont comme l'actiuité du feu au bois, l'excez de la lumiere en l'œil, & la violence de la course au cheual.

Les derniers accidens ne sont pas proprement des accidens, parce qu'ils combattent ce qui les appuye, & qu'en destruisant leurs sujets, ils se destruisent eux-mesmes.

Quelques autres, qui sont plus Orateurs que Logiciens, diuisent les accidens en antecedens, en accompagnans, & en suiuans : Mais comme i'ay parlé de ces sortes d'accidens dans ma Rhetorique, ie me contenteray de dire, que le friſſon eſt l'antecedent de la fievre, que la iactance eſt l'accompagnant de la vanité, & que la pluye eſt le ſuiuant de l'Iris.

Quelques curieux demandent icy ſi les accidens peuuent veriablement conſeruer leur eſtre, & perdre leur inherence : Comme cette demande eſt myſterieuſe, on répond myſterieuſement auſſi qu'en la Tranſſubſtantiation du pain & du vin au Corps de Ieſus-Chriſt, la rondeur, la blancheur, la ſaueur, ſont veritablement ce qu'ils eſtoient auant la conſecration, & qu'encores que le miracle leur donne vne exiſtence ſurnaturelle, il ne leur donne pas vne nouuelle eſſence. Il ne ſert de rien de dire que les accidens veulent vn ſujet, & que ceux qui n'en ont point ſont ſuſpects, ce ſont des paroles, ce ne ſont pas des raiſons ; ce ſont des blaſphémes ; ce ne ſont pas des preuues. I'aduouë que la maniere d'exiſter des accidens Euchariſtiques eſt inconnuë ; mais il faut confesser aussi que les mesmes accidens sont sensibles, qu'ils tombent sous le sens; & quoy que la vertu diuine soit infinie, que son estenduë n'ait point de bornes, il est impossible qu'elle conserue l'estre des choses, & qu'elle destruise l'essence des mesmes choses, puisque les choses ne sont que par leur essence, & qu'il implique contradiction qu'vne chose ait l'estre, & qu'elle n'ait pas ce qui la fait estre.

La Theologie peut parler en cet endroit, la matiere est de son fonds, le sujet est de sa connoissance; mais il ne faut pas violer l'ordre des disciplines; & si i'ay violé, ce semble, ce que ie prescris aux autres, ç'a esté auec tant de retenuë, qu'on peut plutost m'accuser de timidité que de hardiesse.

Combien il y a d'vniuersaux.

LA plufpart des Philofophes n'admettent que cinq voix &

ils alleguent pour raison, qu'vn terme ne peut seruir d'attribut qu'en qualité de genre, d'espece, de difference, de propre, ou d'accident.

Ceux qui ne sont pas de cette opinion, disent que le mot d'indiuidu peut estre attribué à Pierre, à Iacques : Que le nom de Dieu peut estre attribué au Pere, au Fils, & au Saint-Esprit : Que le mot d'homme peut estre attribué à vn homme peint, & à vn homme vray : Que ces vniuersaux sont differents des vniuersaux de Porphyre, & par consequent qu'il y a plus d'vniuersaux que ce Philosophe n'en a posez.

Ie réponds en premier lieu, que l'indiuidu n'est pas proprement vniuersel, puisque sous vne signification particuliere l'vniuersel s'attribuë aussi bien aux especes qu'aux choses qui leur sont soûmises; qu'on peut dire, que l'homme est animal, mais qu'on ne peut pas dire, que l'homme est indiuidu.

Ie réponds en second lieu, que le mot de Dieu n'est pas vniuersel, mais

mais commun, puisque l'vniuersel peut estre attribué à chaque inferieur au singulier, & à tous les singuliers au pluriel, qu'on peut dire que Pierre est animal, que Iacques est animal, & que Pierre & Iacques sont des animaux, mais qu'on ne peut pas dire, que le Pere, le Fils & le Saint-Esprit, qui reçoiuent le nom de Dieu, soient des Dieux.

Ie réponds enfin, que le mot d'homme, au regard des vrais & des peints, n'est pas vniuersel, puisque le genre doit exprimer en partie la nature des choses qui sont renfermées sous l'estenduë de sa signification, & que le mot d'homme au regard de la realité & de la peinture, n'exprime que l'analogie des choses ausquelles il s'attribuë.

Petites obseruations sur les voix de Porphyre.

LE genre n'est genre dans la proposition qu'en qualité de sujet ;

& ainsi quand on dit, l'animal se meut, l'animal en cet endroit renferme dans l'estenduë de sa signification tous les animaux : Que si le mot d'animal, par exemple, est attribué à l'homme, à la beste, & aux indiuidus de ces especes, on doit considerer qu'il n'est alors, à proprement parler, qu'vn terme particulier, & qu'encores qu'il represente vn estre superieur, il ne le represente que sous vne signification determinée.

Quand quelqu'vn se mesle de deffinir les choses, on doit examiner le mot general dont il se sert : car s'il dit, par exemple, que la volupté est vn bien, on doit parcourir toutes les voluptez, & si on en treuue quelqu'vne à qui le mot de bien soit disconuenable, on doit soustenir que le mot de bien, qu'il a posé pour terme general, n'est pas vn genre. Cecy est fondé sur ce que le mot generique doit estre attribué comme mot particulier à tout ce qui est compris sous sa vaste estenduë.

Il faut prendre garde encores si le mot qu'on pose dans la deffinition pour terme generique exprime en partie la nature de la chose. Si quelqu'vn disoit, que la neige est vne blancheur molle, qui se forme dans la moyenne region de l'air, il seroit facile de le combattre, parce que le mot generique doit declarer en partie l'essence de la chose, & que le mot de blancheur ne declare en aucune façon l'essence de la neige ; que le genre & l'espece sont de mesme categorie, que la blancheur est sous l'ordre de la qualité, & que la neige est sous celuy de la substance.

Le genre comme genre renferme bien dans l'estenduë de sa signification le degré d'estre qui conuient aux especes opposées, mais il ne renferme pas les differences specifiques : car si, par exemple, le mot de substance, qui est vn genre, renfermoit dans l'estenduë de sa signification les differences collaterales, il s'ensuiuroit, selon l'opinion de ceux qui reconnoissent quelques attributs pour genres, que quand on attribueroit le mesme mot à l'Ange, c'est à dire, que quand on y diroit, l'Ange est substance, on diroit en mesme temps, l'Ange est spirituel & corporel; ce qui est absurde.

Le genre, comme ie viens de dire, ne renferme pas les degrez d'estres specifiques, mais où est l'espece, là est le degré d'estre superieur, c'est à dire, le degré d'estre, qui est compris sous vne signification generique. Qui dit homme, dit toûjours animal, mais qui dit animal ne dit pas toûjours homme : car comme le mot d'animal a plus d'estenduë que le mot d'homme, la chose exprimée par le mot d'animal peut estre vne beste. I'ay dit, que là où estoit l'espece, là estoit le degré d'estre superieur, parce qu'il est impertinent de dire, que là où est l'espece, là est le genre; la raison est que le genre comme genre represente mesme, selon ceux dont ie condamne la phrase, vne nature qui est dépourueuë des differences col-

plus & le moins, les especes reçoiuent les mesmes choses. Comme on dit, que la vertu est plus, ou moins grande, que le vice est plus, ou moins énorme, on peut dire, que la Iustice est plus, ou moins exacte, que la luxure est plus, ou moins débordée; & comme les paronymes, c'est à dire les termes deriuez, suiuent le sort des primitifs, on peut dire, que tel ou tel, a fait telle ou telle action, plus ou moins iustement, plus ou moins luxurieusement.

Le degré d'estre superieur qui est attribué à l'espece sous vne signification particuliere, n'est pas vn accident en l'espece, car l'accident ne fait pas vne partie de l'essence, & le degré d'estre superieur qui est attribué à l'espece sous vne signification particuliere, fait vne partie de la nature. Si quelqu'vn disoit, que la vertu est vn accident qui s'attribuë à toutes les Vertus morales, il connoistroit mal la nature des degrez d'estres superieurs, car si la Vertu est vn accident, ce n'eſt pas au reſpect des Vertus morales, c'eſt au regard des ſujets qui les reçoiuent ; la raiſon eſt, que les Vertus morales ſont eſſentiellement des Vertus, & par conſequent que ce qui leur eſt attribué ſous vne ſignification particuliere entre eſſentiellement en leur compoſition.

Il faut en toutes choſes que le genre ait plus d'eſtenduë que l'eſpece, de ſorte que ſi quelqu'vn diſoit que la Vertu eſt vne Temperance, il pecheroit contre ce que ie viens de poſer, car en definiſſant la Vertu, qui eſt le genre, par la Temperance, qui eſt vne eſpece de Vertu, il definiroit le plus eſtendu par le moins vaſte. Si bien que ſi quelqu'vn diſoit encore, que la méchanceté c'eſt l'oppreſſion du peuple, il commettroit le meſme peché, parce que la méchanceté ne s'eſtend ſeulement pas ſur l'oppreſſion du peuple, mais encores ſur l'homicide, ſur la trahiſon, ſur le ſacrilege, & ſur cent autres mauuaiſes actions.

On doit attribuër ſimplement le

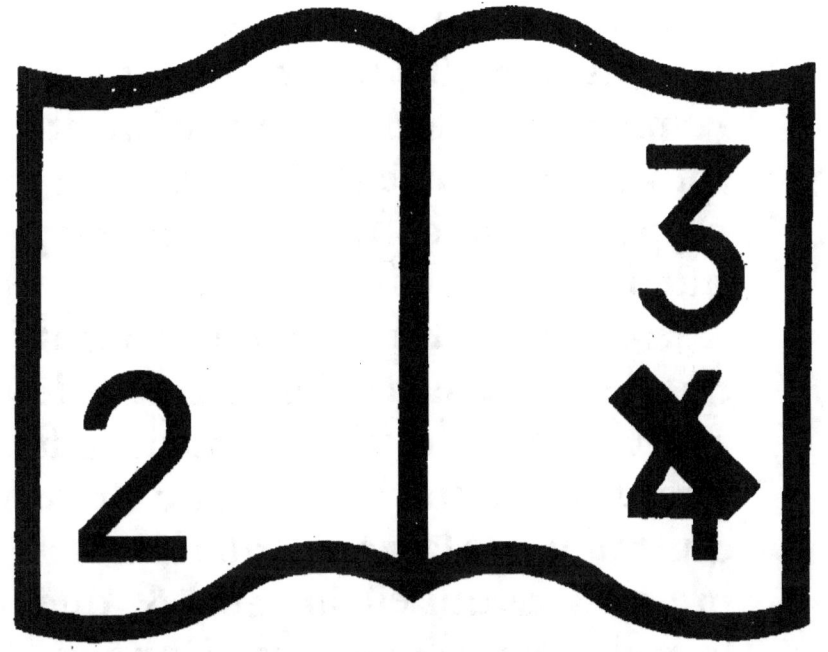

Pagination incorrecte — date incorrecte

NF Z 43-120-12

degré d'eſtre ſuperieur au degré d'eſtre ſubalterne, auſſi eſt-ce mal dit, que la Iuſtice eſt vertueuſe, que le rouge eſt coloré, parce que la Iuſtice ne tient ſeulement pas de la vertu, mais qu'elle eſt vne vertu, & que comme on parle mal, lors qu'on dit, qu'vn morceau de chair eſt charnel; on parle mal auſſi lors qu'on dit, que la couleur eſt colorée.

Comme c'eſt pecher lourdement que de prendre la difference pour le genre, c'eſt parler ridiculement auſſi que de dire, que la couleur c'eſt ce qui raſſemble la veuë, que le nombre c'eſt ce qui eſt impair, & que le mal-aimer eſt vn excez d'amour, parce que la reünion des rayons viſuels eſt vne difference de couleur, que l'impair eſt vne difference de nombre, & que l'excez eſt vne difference d'amour.

Il eſt impoſſible que le degré d'eſtre ſuperieur qui eſt renfermé dans le degré d'eſtre inferieur, ſoit ſeparé de ſon eſpece. Si quelqu'vn diſoit, que l'oiſeau c'eſt ce qui ſe promene

G ij

dans l'air, il seroit facile de le refuter, parce que la promenade peut eftre feparée de l'oifeau.

L'efpece doit participer au degré d'eftre fuperieur. On ne doit pas dire, que l'ame eft vn nombre mouuant, parce que l'ame ne participe point à la quantité, & que toute efpece doit tenir de fon confequent vne partie de fon effence.

Ce n'eft pas parler en Philofophe que de donner des genres figurez aux chofes, c'eft parler en Orateur, & on tombe dans cette impropreté lors qu'on dit que la Temperance eft vne harmonie, parce que l'harmonie appartient proprement au fon, & que par le figuré on poferoit vne efpece, qui eft la Temperance, qui ne participeroit point à la nature du genre, c'eft à dire à l'eftre fuperieur, qui eft l'harmonie.

L'indifpofition du fujet contraire prouue l'indifpofition du fujet oppofé. Si tres-bon n'eft pas le propre de la Iuftice, il eft impoffible que tres-mauuais puiffe eftre le propre de l'injuftice.

Le propre des choses les plus nobles est plus excellent que le propre des choses les moins releuées. Le rire est plus noble que le voler ; l'vn est le propre de l'homme, & l'autre est le propre de l'oiseau. Cecy nous apprend que les propres empruntent leur dignité des sources d'où ils découlent.

Remarquez qu'il y a bien de la difference entre les propres les plus nobles, & les propres les plus vtiles. Le braire de l'asne est plus noble que le purger du sené, parce que l'vn vient d'vn principe sensitif, & que l'autre vient d'vn principe vegetal ; mais le purger est plus vtile que le braire, parce que l'vn sert à la santé, & que l'autre ne sert qu'à faire rire.

Le veritable propre ne peut se retrouuer qu'en vne sorte de sujets. Si la reünion à la Religion Catholique est le veritable propre du Saint-Esprit, elle ne peut estre le propre de la guerre, car pour estre le propre de la guerre, il faudroit qu'il y eust vne si grande vnion entre l'Esprit de Dieu & la guerre, qu'ils ne fissent ensemble qu'vn sujet.

Les propositions sont fausses quand les attributs sont disconuenables. Si quelqu'vn dit, que l'homme de bien est enuieux, il est facile de combattre son erreur, parce que l'enuieux, c'est celuy qui se fâche de la prosperité de toutes sortes de personnes, que les gens de bien sont renfermez dans l'estenduë de ce nombre, & que les gens de bien ne se fâchent iamais de la prosperité de leurs semblables.

Vne proposition est refutable, quand elle ne conuient, ny au genre, ny à l'espece : Et si quelqu'vn tient qu'il faut reünir par la guerre tous les Cultes en vne seule Religion, il faut considerer la guerre en general, il faut parcourir les especes de guerre, qui sont les guerres ciuiles & les guerres estrangeres, & si on treuue que la reünion des Cultes en vne seule creance ne peut conuenir, ny à la guerre en general, ny aux guerres en particulier, celuy qui aura fait la propofition fera contraint de reconnoiftre fon erreur.

Pofons que ce que ie voy foit vn homme, il s'enfuit de là qu'il a la tefte leuée, qu'il eft rifible, qu'il eft difciplinable : Mais fi ce que ie voy n'a point la tefte leuée, n'eft point rifible, n'eft point difciplinable, il s'enfuiura que ce que i'ay veu n'eft point vn homme. Nous apprenons par ce lieu qu'il y a vne eftroite liaifon entre les confequens & les antecedens, & que là où les premiers manquent, les autres defaillent. Si la guerre ciuile, dit vn grand Auteur, eft neceffaire pour la reünion de l'Eftat en vne feule Religion, il s'enfuit que tous les bons Citoyens doiuent tremper leurs mains dans le fang de leurs amis, de leurs freres, de leurs parens, & que la reünion de l'Eftat en vne feule Religion doit eftre la deftruction de l'Eftat mefme, c'eft à dire l'aneantiffement de l'authorité Royale, la mort des Princes, la defolation des Villes : Mais fi la vraye reünion de l'Eftat en vn feul Culte ne peut eftre l'effet de tous ces maux, qui font les confequens de la guerre ciuile, il s'enfuit que la mefme guerre, qui eft l'antecedent des mefmes maux, ne peut feruir à la reünion de l'Eftat en vne feule croyance.

Des categories.

LA categorie, qui eft prife chez les Iurifconfultes pour vne accufation, eft prife chez les Philofophes pour vn ordre.

On peut dire, que les categories font des accufations, parce que fous des fignifications particulieres on attribuë les genres aux efpeces, & les efpeces aux indiuidus.

On peut dire auffi que ce font des ordres, parce que dans leurs lignes directes elles renferment la fubordination des genres & des efpeces, c'eft à dire, l'affiette des mots qui ont plus ou moins d'eftenduë; & ainsi dans la table de la substance que i'ay donnée par forme d'exemple, on a pû remarquer que la substance precede le corps, & que le corps precede le viuant ; que la substance est plus estenduë que le corps, parce que tout corps est substance, & que toute substance n'est pas corps.

Quelques-vns asseurent que les categories ne sont autre chose que les distributions naturelles des genres en leurs especes, & des especes en leurs indiuidus.

Et quelques autres disent, que les mesmes categories ne sont autre chose que les lieux, les tables, les indices des attributs de toutes sortes de sujets.

Les categories ne sont pas proprement des genres, ils sont les indices des genres : car comme la table d'vn liure n'est pas proprement les matieres qui y sont contenuës, mais l'indice qui les découure, selon l'ordre qu'elles y sont traittées, la categorie aussi n'est pas proprement les genres qui y sont renfermez, mais le lieu qui les découure selon l'ordre qu'ils y doiuent estre mis.

Ie ne tiens compte d'alleguer les raisons de ceux qui ont abbregé les categories, ce discours seroit plus ennuyeux qu'instructif, il suffit de representer en peu de mots que toutes leurs diuisions se sous-diuisent; que leurs sous-diuisions se reduisent aux dix classes d'Aristote; & que d'affecter en cet endroit vne nouuelle methode, c'est affecter vne nouuelle confusion.

Il y a plusieurs choses qui n'entrent pas dans les categories.

On en bannit les parties integrantes, comme les bras, les mains.

On en bannit les negations, comme le non-homme, le non arbre.

On en bannit les priuations, comme les tenebres, l'aueuglement.

On en bannit les fictions, comme les chimeres, les centaures.

On en bannit enfin les équiuoques comme équiuoques, comme les mots de chien, de gend'arme, de coin, &c.

On en bannit les parties integrantes, parce qu'on n'y met que ce qui peut contribuer à l'essence des choses.

On en bannit les negations, parce qu'elles ostent quelque chose, & qu'elles ne posent rien.

On en bannit les priuations, parce qu'elles sont des non-estres.

On en bannit les fictions, parce que les propositions tirent des predicamens leurs sujets & leurs attribus, & que telles que sont les matieres, telles sont les propositions.

On en bannit les équiuoques, parce que la principale fin des categories, c'est de découurir le veritable genre des choses, & que les gentes & les especes doiuent renfermer dans l'estenduë de leur signification ce que les choses ont essentiellement de commun entr'elles.

De la substance.

LE mot de substance est équiuoque.

S. Iean prend la substance pour les richesses, lors qu'il dit, qu'il condamne ceux qui possedent les substances de ce monde, & qui sont impitoyables aux pauures.

Le Psalmiste confond la substance auecque le fonds, la base, lors qu'il dit qu'il est plongé dans la bouë, & qu'il ne peut treuuer de substance dans cette profondeur.

On donne encores le nom de substance au precis des alimens, & à la quintessence des simples.

On donne aussi le nom de substance à la solidité des choses : car quand on veut louër vn homme de bon sens, on dit que ce qu'il dit, est substantiel.

On donne enfin le nom de substance à l'extrait des principaux points d'vne dépesche, & au compilé des meilleures remarques d'vn Liure.

Il y en a qui disent, que la substance c'est ce qui est indépendant ; mais c'est mal la definir, car l'ame du lyon dépend de la matiere, &

neantmoins elle n'eſt pas vn accident.

Il y en a d'autres qui diſent, que la ſubſtance c'eſt ce qui eſt de l'eſſence des choſes ; mais c'eſt encores la mal definir, car la couleur eſt de l'eſſence du blanc, du rouge, & des autres couleurs, & neantmoins elle n'eſt pas vne ſubſtance.

Quelques autres diſent, que la ſubſtance c'eſt ce qui eſt ſous les accidens ; mais c'eſt mal la definir auſſi, car la quantité eſt ſous les couleurs, & neantmoins elle eſt vn accident.

Quelques autres enfin diſent, que la ſubſtance eſt vn eſtre qui ſubſiſte par ſoy, & qui eſt né à porter les accidens ; mais ils ne rencontrent gueres mieux que les autres, car l'Humanité de Ieſus-Chriſt eſt vne ſubſtance, & elle ne ſubſiſte pas par elle-meſme : Dieu eſt vne ſubſtance, & il n'a point d'accidens.

Pour bien definir la ſubſtance il faut que ſa definition conuienne, & à ce qui ſubſiſte, & à ce qui peut ſubſiſter : & pour reüſſir en cela il faut dire, à mon aduis, que c'eſt vn eſtre qui a en ſoy la vertu de ſubſiſter.

L'eſſence de la ſubſtance ne conſiſte pas à ſubſiſter, elle conſiſte à pouuoir ſubſiſter : & ſi elle conſiſtoit à ſubſiſter, la ſubſiſtance ſeroit inſeparable de la ſubſtance, car les choſes, comme i'ay desja dit, ſont par leur eſſence, & il eſt impoſſible de ſeparer l'eſſence d'vne choſe, & faire en ſorte que la meſme choſe ſubſiſte : Mais la Foy nous apprend que l'Humanité de Ieſus-Chriſt ſubſiſte en la Perſonne du Verbe, qu'elle eſt vne veritable humanité, & par conſequent que la ſubſiſtance eſt ſeparable de la ſubſtance. Que ſi ſur ce fondement on m'objecte que Dieu pourroit ne pas ſubſiſter, ie réponds que Dieu comme ſubſtance pourroit perdre ſa ſubſiſtance : mais que la ſubſtance diuine, comme diuine, ne peut pouuoir ne ſubſiſter pas, puiſque le Createur eſt plus noble que la creature, que l'actualité de tous les eſtres dépend de la subsistance de Dieu, & que si Dieu subsistoit en vne substance estrangere, il faudroit que qui soustient tout, fust soustenu de quelque chose ; ce qui est contradictoire.

La substance a l'estre au dessus d'elle ; mais au regard da sa categorie, elle est vn genre souuerain, chacun est maistre dans sa maison.

De l'excellence des genres categoriques.

LEs genres les moins soumis sont les moins nobles, parce que les estres qu'ils signifient renferment moins de differences, & par consequent moins de perfections ; que le corps, par exemple, est moins noble que le viuant, le viuant que l'animal, l'animal que l'homme, & l'homme que l'indiuidu.

I'ay commencé la gradation par le corps, parce que la spiritualité est vn degré d'estre qui surpasse en noblesse tous les autres, & qu'encores que la substance ne contienne pas les degrez d'estres inferieurs qui sont prochainement sous son estenduë, elle peut estre spirituelle.

De la premiere diuision de la substance.

Qvelques-vns disent, que la diuision qu'on fait de la substance en spirituelle, & en corporelle, est semblable à celle qu'on fait de l'estre en creé, & en increé, que cette diuision n'est pas d'vn genre exquis en ses especes, mais d'vn terme analogue en ses diuerses significations, que Dieu est l'origine de toutes les substances, & que sa substance ne peut estre rangée essentiellement sous vn terme commun.

Comme ie parleray de cette matiere dans ma Metaphysique, ie me contenteray de dire, que ce seroit vn blaspheme que de donner à Dieu comme

Dieu,

Dieu, vn estre generique, puis qu'il a cela de particulier, qu'il est infiny, & qu'en ce sens il est illimitable; mais que ce n'est pas vne injure que de donner à Dieu, comme substance, vn mot general, puis qu'il a cela de commun qu'il est subsistant, & qu'en ce sens il est categorique.

On diuise donc la substance en spirituelle, & en corporelle.

La substance spirituelle est diuisée en Dieu, en Anges, & en ames raisonnables.

On ne diuise pas Dieu en plusieurs Dieux, mais en trois personnes : car Dieu est infiny, & il est impossible que plusieurs infinis subsistent.

Quoy que le mot d'Ange conuienne proprement à la derniere espece des Hierarchies, l'vsage veut qu'il renferme dans son estenduë les Seraphins, les Cherubins, les Trosnes, les Dominations, les Vertus, les Puissances, les Principautez, les Archanges, & les Anges.

Les ames ne sont pas specifiquement diuiſées, car quelque opinion fantaſtique que quelques-vns ayent eu de la nature humaine, il n'y a point diuerſes eſpeces d'hommes.

La ſubſtance corporelle eſt ſimple, ou mixte, & la ſimple eſt, ou celeſte, ou elementaire.

La ſubſtance celeſte, ſelon les Aſtrologues d'aujourd'huy, ne comprend ſeulement pas la Lune, Mercure, Venus, le Soleil, Mars, Iupiter, Saturne ; mais encores cinq autres Cieux.

La ſubſtance elementaire eſt attribuée au feu, à l'air, à l'eau, à la terre.

La ſubſtance mixte eſt inanimée, ou animée.

La ſubſtance inanimée eſt changeante, ou ſtable.

La ſubſtance changeante, c'eſt à dire, qui eſt de peu de durée, eſt diuiſée en nuée, en pluye, en roſée, en neige, en greſle, en frimats, en comete, en parelie, en ardans, en iris, &c.

La ſubſtance ſtable, c'eſt à dire,

qui a beaucoup de confitance, eft diuifée en pierre, en mineral, & en metail.

La fubftance pierreufe renferme fous fon eftenduë trois efpeces de pierres.

Les premieres font tranfparentes, comme le diamant, l'efcarboucle, le rubis, la hyacinte, l'amethifte, le faphir, l'émeraude, l'opale, la chrifolite, &c.

Les fecondes ne font pas tranfparentes, mais elles ont quelque éclat, comme la turquoife, le corail, l'ambre, l'agathe, le iafpe, l'albaftre.

Enfin les dernieres n'ont ny lueur, ny éclat, comme l'aimant, le vermeillon, la cueux, la craye, l'émery, la pierre d'aigle, la pierre de touche, &c.

La fubftance mineralle, qui à la rigueur fe rapporte aux pierres, aux metaux, & à toutes fortes de foffiles, contient fous fon eftenduë le borax, le vitriol, l'alun, l'antimoine, &c.

La substance metallique comprend sous sa signification, l'or, l'argent, l'airain, le fer, le plomb, l'estain, & selon les Chymistes le mercure.

On diuise la substance animée en plantes, & en animaux.

La plante s'estend aux arbres, aux herbes alimentaires, aux herbes medecinales, aux herbes veneneuses, & aux fleurs.

Il y a des arbres qui portent des fruits qui nourrissent, il y en a d'autres qui portent des fruits qui ne nourrissent point, & il s'en treuue qui ne portent point de fruit.

Les arbres dont les fruits nourissent, sont comme les pruniers, les abricotiers, les citroniers, &c.

Les arbres dont les fruits ne nourrissent point, sont comme le philiria, le sureau, le cyprés, &c.

Et les arbres qui ne portent point de fruit, sont comme les ormes, les cicomores, les saulx, &c.

Les herbes alimentaires se diuisent en ozeille, en persil, en pimpenelle, en chicorée, en pourpier, &c.

Les herbes medecinales se diuisent en sené, en guimauue, en serpentaire, en hieble, en ioubarbe, &c.

Les herbes veneneuses se diuisent en laconit, en ferule, en mandragore, en ciguë, &c.

Enfin les fleurs se diuisent en marguerites, en tulipes, en anemones, en violetes, en œillets, &c.

De toutes les substances il ne reste plus à parler que de la sensitiue.

La substance animale est terrestre, aquatique, ou aërienne.

Les animaux terrestres sont parfaits, ou imparfaits.

Les animaux parfaits ce sont ceux dont la vie est durable, & qui viennent toûjours par voye d'accouplement, comme le taureau, le mulet, le tigre, le cerf, &c. Entre ces sortes d'animaux les vns ont du poil, comme les chevres, & les ours; les autres ont de la laine, comme les brebis; les autres ont des cornes, comme les boucs, les bœufs; les autres ont l'ongle fendu, sans orteils, comme le pourceau, les autres ont l'ongle fendu auecque orteils, comme le lyon, & les autres ont le pied plain, sans orteils, comme l'elephant, l'asne, le cheual, &c.

Les animaux imparfaits sont doubles, les vns ont du sang, & les autres n'en ont point.

Ceux qui ont du sang, sont comme les pouls & les souris.

Et ceux qui n'en ont point, sont comme les cirons & les vers.

Les animaux aquatiques sont de deux sortes, les vns naissent par voye de generation, & les autres par voye de corruption.

Les premiers sont comme les brochets, les carpes, les saulmons, les moluës, &c.

Et les autres sont comme les remores, les rats, les tauans, les cantarides, &c.

Entre les animaux aquatiques il y en a qui sont simplement écailleux, comme la carpe, le corbin, l'alose, le brochet, qui sont simplement lissez, comme l'anguille; le maquereau ; qui sont écailleux & lissez comme la saule, la barbuë ; qui sont coquilleux, comme les limaces, les nautillons, les moules ; qui sont crousteleux, comme la creuerte, la langouste, le gamare ; qui sont épineux, comme la raye, la viue ; & qui sont proprement raboteux, comme l'huitre.

Enfin, pour acheuer la diuision de l'animal, on peut dire, que le volatil est rapineux, paisible, harmonique, iargonant, plaintif, criard, ou éclatant.

Qu'il est rapineux, comme l'aigle, le milan, le vautour, le gerfaut, le busard, &c.

Qu'il est paisible, comme la perdrix, la becasse, le faisan, &c.

Qu'il est harmonique, comme l'aloüette, le rossignol, le chardonneret, le tarin, la linote, &c.

Qu'il est iargonant, comme le perroquet, le merle, le geay, la pie.

Qu'il est plaintif, comme la tourterelle, le ramier, le pigeon, &c.

Qu'il est criard, comme l'hirondelle, la griue, le corbeau, le paon, le cocq d'Inde, l'oye. &c.

Et qu'il est éclatant, comme le cocq, la poulle, la caille.

Cette diuision, qui est beaucoup plus ample que celle des Logiciens, est beaucoup moins exacte que celle des Naturalistes. Les Physiciens parlent des mixtes qui tiennent de la terre, & de la plante, comme les truffles, les champignons, le guy, la mousse, la cuscute; de ceux qui tiennent de la pierre & du metail, comme l'azur, le vermeillon; de ceux qui tiennent du plomb & de l'estain, comme le bissemur; de ceux qui tiennent de la pierre, & de la plante, comme la plantargentine.

Ils parlent encores de ceux qui tiennent de la plante, & de la beste, comme les nacres, les éponges, les huitres; de ceux qui tiennent de diuerses especes de bestes; comme la panthere, qui tient du chien & de la louue; comme le mulet, qui tient de la iument & de l'asne; comme le barbot, qui tient du cheual, & de l'asnesse;

nesse; comme le beser, qui tient du taureau & de la iument. Ils parlent enfin des mixtes, qui tiennent des quadrupedes, & des poissons, comme le bievre, qui a le bas d'vn animal terrestre, & la queuë d'vn animal aquatique; de ceux qui tiennent des quadrupedes, & des oiseaux, comme la chauue-souris, qui tient du quadrupede par les mamelles, & de l'oiseau par les aisles : Mais comme pour la curiosité des Dames, qui ne lisent pas ordinairement les Liures qui traittent de la Nature, ie ne me suis proposé icy que d'ébaucher la diuision de l'estre, ie passeray de ce petit crayon à la derniere diuision de la substance, & ie remettray à la quatriéme Partie de ma Philosophie à parler plus amplement de toutes choses.

De la seconde diuision de la substance.

Qvelques-vns disent, que les substances singulieres sont appellées premieres, parce que les singulieres, qui sont vn ouurage de la Nature, souſtiennent les accidens par elles-meſmes, & que les secondes ſubſtances qui sont des fictions de l'entendement, ne souſtiennent les meſmes accidens que par le moyen des ſubſtances ſingulieres.

Quelques autres diſent, que les ſubſtances ſingulieres, ou premieres, ſont ainſi appellées, parce qu'elles ſingulariſent la connoiſſance, & qu'elles frappent d'abord le ſens.

Et que les ſubſtances ſecondes, ou vniuerſelles, ſont ainſi appellées parce que ſelon le ſens, les ſubſtances ſingulieres les precedent, & que ſelon l'attribution, les ſecondes ſubſtances les ſurpaſſent.

Quant à moy, comme i'ay desja dit, & comme ie diray ailleurs, ie ne reconnois point de natures vniuerſelles, les eſtres reels & poſitifs ſont differens entr'eux, les vns ne ſont pas les autres, & les meſmes choſes qui les differentient les ſingulariſent. Quand on dit, Gabriel eſt

Ange, Socrate est homme, Bucephal est cheual, Ange, homme & cheual sont des mots qui expriment la nature en particulier, de Gabriel, de Socrate, & de Bucephal. Que si effectiuement, Ange, homme & cheual, estoient de secondes substances, il s'ensuiuroit qu'estans receuës des substances singulieres, les secondes substances seroient confonduës auecque les accidens, puisque les accidens sont fresles & debiles, & que leur foiblesse demande, ou le miracle, ou le sujet; mais comme il implique contradiction, que les substances soient des accidens, il est aisé de voir que les secondes substances ne sont que des termes declaratoires & explicatifs, ne sont que des mots qui découurent & manifestent la nature des sujets ausquels ils sont attribuez.

Des proprietez de la substance.

QVoy que les contraires soient en quelque sujet, & que les substances soient des sujets, Bodin aprés Stapulensis, enseigne que les substances sont contraires; Il dit, que la matiere comme matiere est la mesme chose dans tous les composez, que l'essence de la substance consiste en la forme, que les formes sont le principe des contrarietez, & par consequent que les substances sont contraires.

Encores qu'il y ait beaucoup de choses à dire sur ces propositions, ie restraindray ma réponse à peu de paroles. Outre que les contraires sont des accidens, que les accidens sont receus, & que les substances son receuante; on peut dire, qu'il y a bien de la difference entre ce qui naist d'vne forme, & vne forme mesme, que ce qui naist d'vne forme est vn accident, que ce qui souftient ce qui naist, est vne subftance, que la froideur de l'eau, par exemple, naist de la forme de l'eau, que l'eau perd sa froideur, & qu'elle conserue sa nature. Enfin, il est des subftances comme des seigneurs, des accidens comme des valets : Les differens des valets engagent quelquefois les maiftres en leurs querelles, & les contrarietez des accidens engagent quelquefois les subftances en leurs combats : Mais quelque aigreur qui paroisse dans le demeslé des estres, on peut souftenir hardiment, que les subftances ne sont point contraires, puis qu'il n'y a point de contrarieté qu'il n'y ait de la disconuenance, & que comme toutes les subftances conuiennent en la vertu qu'elles ont de subfister, elles conuiennent au principe qui les conftitué.

La subftance, comme i'ay desja dit, ne peut estre en vn sujet, & quoy que les secondes subftances, qui sont des estres rationnels, soient attribuées aux substances singulieres, qui sont des estres effectifs, elles ne sont pas dites estre en vn sujet, elles sont dites declarer l'essence du sujet.

La substance reçoit des contraires, mais elle ne reçoit pas toutes sortes de contraires; le feu ne peut estre froid, & l'eau ne peut estre seiche.

La substance ne reçoit, ny le plus, ny le moins; c'est à dire, qu'à raison de la forme chaque substance est tellement accomplie qu'elle ne peut estre en diuers temps plus ou moins substance. Que si selon Heraclite, la substance comme substance estoit muable, qu'elle fust sujete au plus & au moins, elle seroit capable de contrarieté, parce qu'enfin elle pourroit s'éloigner si fort du dernier degré de l'estat parfait qu'elle pourroit atteindre à l'extremité de l'estat imparfait, mais elle ne change qu'en ses accidens, & l'eau, par exemple, est sous la chaleur ce qu'elle est sous la froideur.

On dit, qu'entre les substances les premieres sont plus substances que les secondes, & qu'entre les secondes celles qui sont plus éloignées des premieres sont moins substances que les plus proches : Ce plus & ce moins ne se tirent pas de la nature des substances, ils se tirent de l'ordre des genres, car comme entre les pierres d'vn fondement, celles-là sont dites estre les plus sujetes qui sont les plus proches de la derniere, entre les genres aussi d'vn predicament, ceux-là sont dits estre les plus soûmis qui sont les plus proches de l'indiuidu.

De la quantité.

La quantité est vn accident, dont les parties sont les vnes hors des autres.

Il y a deux sortes de quantité, l'vne est continuë, comme l'estenduë du marbre.

Et l'autre est discontinuë, comme

les parties du nombre, & de l'oraison.

La quantité continuë est double, l'vne est coulante, comme les parties du temps, qui succedent les vnes aux autres.

Et l'autre est permanente, comme les parties de l'arbre qui sont ensemble.

Le temps, c'est la durée des choses qui sont sujetes à generation & corruption, & l'estenduë de cette durée est connuë par l'obseruation des heures & des iours, des mois & des années.

On reduit sous la quantité de durée l'âge, l'euiternité & l'eternité.

L'âge signifie ordinairement la durée de cent ans.

L'euiternité signifie la durée des choses qui ont eu commencement, & qui n'auront point de fin; & ces choses sont les Anges, les Ames raisonnables, les Cieux, les Elemens.

L'eternité signifie la durée, qui n'a ny commencement, ny fin, & cette

Premiere Partie. 105

durée c'est la durée de Dieu : Cette durée est stable, car si elle estoit successiue vne partie de la vie de Dieu échapperoit, & l'autre viendroit à naistre, Dieu ne feroit viuant, ny au regard de ce qui ne seroit plus, ny au respect de ce qui ne seroit pas encores, sa vie seroit momentanée ; & comme il n'auroit pû empescher l'écoulement de ce qui seroit passé, il pourroit n'estre pas le maistre de de ce qui seroit futur, & ainsi celuy qui a donné la vie à toutes choses pourroit receuoir la mort, ce qui n'est pas conceuable ; Disons donc, que la durée de Dieu est permanente, & que cette durée est vn repos eternel.

On met sous la quantité permanente la ligne, la superficie, & le corps.

Les Mathematiciens, qui considerent ces trois dimensions separées de la matiere, disent que la ligne est vne longueur sans largeur, comme vn rayon solaire.

Que la superficie est vne longueur

auecque largeur, comme les surfaces & les ombres.

Et que le corps, c'est ce qui a longueur, largeur & profondeur.

La ligne est droite, ou courbe.

La superficie est conuexe, ou concaue.

La conuexe, c'est celle qui couure l'exterieure partie des corps, elle s'appelle surface aux corps plats, & elle se nomme circonference aux corps ronds.

La concaue, c'est l'interieure partie d'vn corps, elle s'appelle concauité lors qu'elle ne contient rien, & elle se nomme lieu lors qu'elle contient quelque chose.

Le corps, dont nous auons cy-deuant parlé, est consideré, ou materiellement, ou separé de la matiere.

Dans la premiere consideration il est appellé Physique.

Et dans l'autre il est appellé Mathematique.

Quelques-vns disent, qu'il n'est pas essentiel à la quantité d'auoir ses parties localement distinctes les vnes des autres, que le Corps de Iesus-Christ peut estre dans la moindre partie de l'Hostie, & qu'il suffit par consequent que ses parties soient distinctes entr'elles.

La lumiere naturelle nous dicte, que si la distinction localle n'estoit pas necessaire, il faudroit que toutes les parties fussent reduites en vn poinct inconceuable, & que d'vne iuste disposition il se fist vne confusion monstrueuse : Mais comme la foy est preferable au sens, & qu'vne lumiere surnaturelle nous presche qu'vne quantité peut conseruer son estre, & perdre sa coestenduë, peut perdre sa coestenduë, & conseruer sa distinction, il faut icy combatre sa raison, captiuer son entendement admirer les merueilles de Dieu, & reconnoistre la foiblesse des hommes.

De la mesure.

LA mesure est vne quantité continuë & connuë, par laquelle on découure les quantitez inconnuës, & ainsi vne aulne appliquée à vne piece de drap, & redoublée autant de fois que le drap a de longueur fait voir combien cette piece a d'aulnes.

Ce qui mesure l'estenduë retient le nom de mesure, & ce qui mesure la pesanteur s'appelle poids.

La mesure de la pesanteur est differente de la mesure de l'extension; la premiere doit estre égale en pesanteur à la chose pesée, mais l'autre est dispensée de cette égalité : on mesure par reduplication les choses mesurables.

Si la chose mesurable est liquide, ce qui mesure cette chose est dite tonneau, pinte, chopine, &c.

La mesure qui est diuisible par nature est deuenuë indiuisible par institution, car vne aulne n'est plus aulne dés qu'elle est augmentée, ou diminuée.

La quantité continuë n'est seulement pas mesure, elle est encores mesurable; la raison est, qu'elle a des parties, & que ses parties redoublées peuuent mesurer sa totalité.

De la quantité virtuelle.

Vne chose a vne quantité virtuelle lors qu'elle a plusieurs vertus, comme vne Ame, vn Ange.

Elle a encores vne quantité virtuelle lors que son action a plus d'estenduë, & plus de vigueur qu'vne autre, comme le Soleil, qui a plus d'estenduë, & plus de force que la Lune.

Elle a enfin vne quantité virtuelle lors que son estre consiste en vne vnité indiuisible, & que par la reduplication de soy-mesme, comme parle l'Ecolle, elle répond à vn lieu, à vn corps : Les Anges, les Ames humaines ont vne quantité virtuelle, parce que les Anges remplissent leurs espaces, & que les Ames raisonnables sont presentes à l'estenduë des corps qu'elles animent.

De la mesure de perfection.

LA mesure transcendentale, ou pour parler plus clairement, la mesure vniuerselle de toutes les perfections des choses, c'est ce qui est le premier en estre, & pour le dire en vn mot, c'est Dieu; si bien que selon que les choses s'approchent, ou s'éloignent du souuerain principe, elles ont plus, ou moins de perfections, ou de defauts.

Dieu n'est pas la mesure des creatures, en-tant qu'il est infiny, il est la mesure des estres, en-tant qu'il est participable, & ce participable consiste en la puissance que nous auons de limiter en plusieurs choses.

La mesure de perfection en chaque genre de choses, c'est ce qui est le plus considerable en ce genre; Au genre des couleurs mortes, c'est la blancheur; Au genre des animaux, c'est l'homme; Au genre

Premiere Partie.

des pierreries, c'eſt le diamant. On iuge de la pureté des couleurs mortes ſelon qu'elles approchent plus ou moins de la blancheur, parce que la blancheur tient plus de la lumiere que les autres, & que la lumiere eſt la plus pure des couleurs. On iuge de l'excellence des animaux, ſelon qu'ils approchent plus, ou moins de l'homme, parce que l'homme eſt tres-aduiſé, & qu'aprés la grace, il n'y rien de plus admirable que la raiſon. On iuge de l'excellence des pierres ſelon qu'elles approchent plus ou moins du diamant, parce que le diamant eſt la pierre la plus viue, & la plus rayonnante, & que ſa mixtion par conſequent eſt la plus noble, & la moins alterable.

De la quantité diſcontinuë.

ON poſe ſous cette quantité l'oraiſon, & le nombre.
L'oraiſon peut eſtre ſous pluſieurs choſes.

Elle sera sous la quantité continuë, si vous considerez que la suite institutiue des paroles lie le sens, le discours, & le rend par consequent continu.

Elle sera sous la quantité discontinuë, si vous considerez que les lettres dont elle est composée sont destachées les vnes des autres.

Elle sera sous la quantité continuë coulante, si estant prononcée vous considerez que les lettres qui la composent, succedent les vnes aux autres, que les vnes naissent, & que les autres meurent, & que les syllabes longues qui se treuuent dans sa composition sont sous la quantité de durée.

Elle sera sous la quantité discontinuë permanente, si estant écrite vous considerez que ses parties destachées existent les vnes auec les autres.

Elle sera sous la categorie de la relation, si vous considerez qu'elle est l'image de la pensée.

Elle sera sous la categorie de la qualité, si vous considerez qu'elle est

Premiere Partie. 113

est prononcée, & que le son des paroles appartient à la qualité passible.

Elle sera encores sous la mesme categorie, si vous considerez qu'elle est écrite, & que l'écriture est vne espece de figure.

Elle sera enfin sous la categorie de l'action, si vous considerez qu'elle est exprimée par la langue, & que l'expression vocale, qui est vne espece de mouuement, est vne action progressiue.

Le nombre est nombre nombrant, ou nombre nombré.

Le nombre nombrant, ce sont des vnitez assemblées en esprit, & destachées des choses, comme 10, 20, 30, ou pour parler selon quelques autres, ce sont des figures que les Arithmeticiens ont inuentées pour la reduction des sommes totales.

Le nombre nombré, ce sont les choses comptées, comme les quatre Elemens, les quatre vertus Cardinales.

Remarquez auecque vn Moder-

K

ne, que le nombre nombré sert quelquefois de nombre nombrant, que cent iettons nombrent quelquefois cent mille écus, cent millions.

Le nombre differe de la multitude, car tout nombre est ordonné, comme vn, deux trois, le premier, le second, le troisiéme, & ainsi des autres; mais toute multitude est confuse, comme vn tas de bled.

On diuise encores le nombre en materiel, & en formel.

Le nombre materiel, ce sont les choses que l'on compte par vn certain ordre.

Et le nombre formel, comme i'ay desja dit, ce sont les reductions que l'esprit fait.

Le nombre formel est vn ouurage de l'esprit, qu'on appelle estre de raison. Deux hommes, par exemple, pris separément, sont bien vne chose reelle; mais la reduction que l'esprit fait de plusieurs hommes à dix, vingt, trente, est vn ouurage de l'esprit, car elle n'adjouste rien aux choses comptées.

La forme du nombre est double, l'vne regarde le tout, & l'autre la partie.

La forme, qui regarde le tout, c'est comme la dualité au respect de deux, & la quaternité au respect de quatre ; la dualité & la quaternité sont dites formes, parce que la forme n'est autre chose que ce qui constituë les choses ; & comme les choses blanches, les choses noires, ne sont blanches, ne sont noires, que par la blancheur, que par la noirceur ; le nombre de deux, de quatre, ne sont ce qu'ils sont que par la dualité, que par la quaternité.

La forme qui regarde la partie, c'est la derniere vnité, car c'est elle qui fait le huit, le seize, ou quelque autre espece de nombre. Ie dis que c'est la derniere vnité, car l'vnité comme vnité n'est point differente des autres vnitez, & il faut que la forme soit differente de la chose qu'elle constituë ; si bien que la qualité de derniere vnité est vne circonstance differentielle, & que c'est de cette circonstance que la forme partielle & numerale est extraite.

Qu'est-ce qui compose la quantité continuë permanente.

SI la quantité continuë, qui est icy vne estenduë, estoit composée de points qui n'ont point de dimension, elle seroit composée d'indiuisibles, & si elle estoit composée d'indiuisibles, elle seroit elle-mesme indiuisible, parce que comme les parties homogenes, ou semblables, sont de mesme nature que le tout, le tout, qui est composé de parties homogenes, ou semblables, est de la nature de ses parties.

Que les indiuisibles ne puissent composer la ligne, il est aisé de le montrer: Pour composer vne ligne il faut que les choses qui la composent soient attachées les vnes aux autres, car autrement il n'y auroit point de continuité: les choses qui sont indiuisibles ne peuuent estre attachées les vnes autres, & ainsi les choses indiuisibles ne peuuent composer la ligne.

Pour estre attachées les vnes aux autres, il faut que ce soit par les extremitez; les indiuisibles n'ont point d'extremitez, ils ne peuuent donc point estre attachez les vns aux autres.

Les indiuisibles n'ont point d'extremitez, car les extremitez en-tant qu'extremitez, sont des dernieres parties; les dernieres parties supposent des parties precedentes, & ce qui a des parties dernieres, & des parties precedentes, a dimension; mais comme les indiuisibles n'ont point de dimension, ils n'ont point d'extremitez, & comme ils n'ont point d'extremitez, ils ne peuuent estre les élemens de la ligne.

Des proprietez de la quantité continuë.

Qvoy que la quantité continuë soit diuisible, ie ne sçay si l'on peut dire qu'elle soit divisible à l'infiny : Ie conçoy bien que la quantité continuë est divisible en parties, que les parties mesmes de ses parties son divisibles aussi ; mais ie ne puis conceuoir que ce qui est finy ait la vertu d'estre divisible à l'infiny, que ce qui est épuisable par les limites de sa totalité soit inépuisable par la division de ses parties. Ne nous arrestons point à cette difficulté, c'est vn casse-teste, quelque esprit de fer s'y arrestera, peut-estre, pour nous.

La quantité Physique continuë n'a point de contraires ; Le haut & le bas sont relatifs, parce que ce sont des termes de comparaison, qu'vn contraire ne peut deuenir son contraire, & que le haut peut deuenir le bas ; Le peu & le beaucoup sont relatifs aussi, parce que ce sont des termes de rapport, qu'vn contraire ne peut faire partie de son contraire, & que le peu fait partie du beaucoup.

La quantité reçoit quelquefois

des contraires; Vne piece de drap, par exemple, est quelquefois en diuers temps, diuersement colorée, & elle ne le peut estre que la quantité qui la rend susceptible d'accidens ne soit imbuë des accidens qu'elle reçoit.

Les contraires agissent, la quantité n'agit point; il est vray que la circonference facilite le mouuement du mobile, mais c'est plutost par soustraction d'obstacle que par vertu d'actiuité.

La quantité comme quantité, ne reçoit, ny le plus, ny le moins, c'est à dire, que l'essence de la quantité est égale en l'aulne, & en la pique, qu'elle se treuue aussi bien dans le mouuement d'vne toupie que dans celuy du premier mobile: Ce n'est pas que les choses ne puissent estre plus ou moins quantatiues, mais elles ne peuuent estre plus quantité, car le propre de la quantité c'est d'estre diuisible, & vn poulce est aussi diuisible qu'vn pied.

Comme le pair & l'impair appartiennent à la quantité discrete, l'égal & l'inégal appartiennent à la quantité continuë.

Il faut remarquer en passant, qu'encores que la quantité continuë ait ses parties les vnes hors des autres, & qu'elle combatte par consequent la penetration des corps, deux corps neantmoins peuuent se penetrer, parce que le Fils de Dieu entra dans la maison des Apostres lors que les portes estoient fermées, qu'il nâquit sans fracture du ventre virginal de Marie, qu'il sortit du sepulchre sans leuer la grosse pierre de dessus, & qu'il monta à la dextre de son Pere sans faire violence au Ciel.

De la qualité.

LA qualité, à proprement parler, est vne forme accidentelle, qui est reellement distincte du sujet auquel elle est attachée, & auquel elle peut conuenir, & ne conuenir pas.

Le commun des Logiciens reduit les qualitez sous quatre genres; Il pose

pose la puissance, l'habitude, la qualité passion, & passible, & la figure.

La puissance, ou la disposition naturelle, est vne faculté que l'Auteur de la Nature a donnée pour quelque fin; Il a donné au levrier la puissance de courir, & au limier la vertu de chercher.

Toute disposition naturelle doit preceder l'habitude: cette disposition s'appelle puissance, lors qu'elle est telle qu'elle doit estre, & impuissance, ou pour mieux dire debilité, lors qu'elle s'acquite mal de l'action pour laquelle elle a esté donnée.

La qualité qui porte la puissance à faire tres-facilement ce qu'elle doit faire, est appellée habitude.

Et celle qui porte la mesme puissance à faire mediocrement bien, ce qu'elle doit entreprendre, est appellée disposition habituelle.

Les choses inanimées, comme le feu, sont incapables de former quelque accoustumance, parce qu'elles n'ont point de lumiere, & qu'elles

L

ont eu d'abord tout ce qu'elles deuoient auoir.

Les chiens, les singes, les elephans, les cheuaux, les oiseaux, sont capables de contracter quelque plis, parce qu'ils ont quelque connoissance, & qu'ils ne sçauent pas tout ce qu'ils peuuent sçauoir.

Les animaux extrémement timides ne peuuent auoir de nouuelles qualitez, car la connoissance est requise à la formation des habitudes, & l'excessiue peur preuient l'attention, & trouble le sens.

On range sous l'habitude, les Vertus, les Vices, les Arts; & si on y met les Sciences, c'est parce qu'elles s'establissent par de frequentes obseruations, & qu'elles donnent à l'entendement de nouuelles dispositions à de nouuelles lumieres.

Ceux qui se meslent de definir les choses, disent que l'habitude est vne qualité qui prouient de l'exercice.

On fait icy vne objection : Les habitudes artificielles, disent quelques-vns, sont des perfections, &

les actions qui les precedent sont defectueuses. Que si les actions qui les precedent sont defectueuses, comme il n'en faut pas douter, puisque si elles estoient parfaites on seroit parfait auant que de l'estre, ce qui est impossible, d'où vient la perfection des habitudes artificielles?

Cette objection qui semble embarassante, ne l'est pas, il est facile de la resoudre : Nous ne parlerons icy, ny des vertus, ny des vices, car les actions qui les establissent sont tres-peu differentes de celles qui les commencent, nous parlerons seulement des habitudes artificielles, & nous nous attacherons precisément à l'espece qu'on nous a proposée.

Les habitudes artificielles viennent de cinq causes.

Elles viennent de l'action, car s'il n'y auoit point d'action, il n'y auroit point d'impression, & par consequent d'habitude.

Elles viennent de plusieurs actes, car les habitudes sont des enracinemens, & il faut pour les former des reïterations.

Elles viennent de plusieurs actions, qui deuiennent moins defectueuses par la suite de l'exercice, car les actions, qui sont aussi defectueuses dans la suite que dans le commencement, n'engendrent iamais les dispositions parfaites, & par consequent les habitudes artificielles.

Elles viennent de plusieurs actions corrigées, car les perfections ne peuuent naistre de leurs contraires.

Elles viennent enfin de la frequente reïteration des actions corrigées ; car comme les actions artificielles doiuent estre seures & adroites, elles doiuent naistre d'vne cause qui ait osté tous les obstacles de la faculté agissante, & qui ait laissé vne disposition prochaine à la parfaite production des actes. Ie dis qui ait laissé vne disposition prochaine à la parfaite production des actes, car ie ne suis pas de l'opinion de ceux qui constituent la nature

Premiere Partie. 125

des habitudes en la seule priuation des empeschemens. La main blessée d'vn excellent ioüeur de luth ne laisse pas quelquefois de toucher delicatement, & cependant la blesseure est vn obstacle assez considerable.

La qualité passion est vne qualité passagere, qui naist des objets & des passions : La rougeur qui vient de honte, & la pasleur qui vient de crainte, sont des qualitez passions.

La qualité passible vient de trois choses, elle vient du vice de la nature, de la perfection du temperament, & de la deprauation de la volonté : La pasleur vient quelquefois de l'obstruction des humeurs : Le vermeillon des leures, & des ioüës vient souuent de la bonne constitution du corps ; & la rougeur vient quelquefois de l'intemperance du boire.

La figure, à proprement parler, n'est autre chose que la disposition de la quantité.

Quoy que nos Modernes triom-

L iij.

phent sur les diuisions, ie ne rapporteray pas toutes les diuisions qu'ils ont faites sur la qualité, car i'apprehenderois qu'à leur imitation ie ne diuisasse tellement les choses, que ie n'ébloüysse l'imagination, & que ie ne surchargeasse la memoire.

Ils ont diuisé les qualitez en celles qui sont communes, & en celles qui sont propres.

En celles qui sont sensibles, & en celles qui sont spirituelles.

Ils ont diuisé encores les qualitez en celles qui appartiennent à la matiere, en celles qui appartiennent à la forme, & en celles qui appartiennent au tout.

Ils ne se sont pas contentez de cela, ils ont diuisé les mesmes qualitez en celles qui arriuent par quelque cause qui ne suppose rien au sujet.

Et en celles qui arriuent par la propre action de l'agent, mais qui suppose quelque chose au sujet.

Ils ont diuisé enfin les qualitez en celles qui sont insensibles naturelles.

Et en celles qui sont insensibles surnaturelles.

Les qualitez qui sont communes aux choses animées & inanimées, ce sont comme la chaleur, qui conuient à la reflexion des rayons, & au mouuement des animaux, & comme la blancheur, qui conuient à la neige & au visage.

Les qualitez qui sont propres, ce sont comme la vertu qu'a l'aimant d'attirer le fer, & comme la proprieté qu'a l'ambre d'enleuer la paille.

Les qualitez sensibles, ce sont comme les couleurs, & les sons.

Les qualitez spirituelles, ce sont comme les Sciences, & les Vertus.

Les qualitez qui appartiennent à la matiere, ce sont comme la diuisibilité, comme la commensuration.

Les qualitez qui appartiennent à la forme, ce sont comme l'entendement aux hommes, & comme l'estimatiue aux bestes.

Les qualitez qui appartiennent au tout, c'est à dire, au resultat de la matiere & de la forme, ce font comme la veuë, l'oüye ; car l'ame ne peut voir, ny oüyr, fans les yeux fans les oreilles, & les organes ne peuuent faire leurs fonctions fans l'ame.

Les qualitez qui arriuent à quelque chofe par l'action de quelque caufe qui ne fuppofe rien au fujet, ce font comme les infpirations celeftes, & comme les follicitations angeliques.

Les qualitez qui arriuent à quelque chofe par la propre action de l'agent, mais qui fuppofe quelque chofe au fujet, ce font comme les Sciences & les Vertus morales, car elles ne s'acquierent que par la prefence des images, & que par l'operation des facultez.

Enfin les qualitez infenfibles naturelles, ce font comme les puiffances de l'ame.

Et les qualitez infenfibles furnaturelles, ce font comme les Vertus de la Religion.

Des proprietez de la qualité.

LEs qualitez sont contraires, moyennes & differentes.

Elles sont contraires, comme la chaleur & la froideur.

Elles sont moyennes, comme la tiedeur.

Et elles sont differentes, comme le rouge & le verd, le rond & le quarré.

Les qualitez peuuent receuoir le plus & le moins; l'eau qu'on échauffe deuient plus chaude par le progrez du feu, qu'elle n'estoit au commencement, & la chaleur dont elle est affectée est dite receuoir en soy plus de degrez d'actiuité.

La mesme eau qu'on échauffe venant à boüillir, deuient plus épanchée qu'elle n'estoit auparauant, & la chaleur qui est insinuée dans ses pores, est dite receuoir plus de degrez d'extension.

On peut dire des Vertus morales ce qu'on dit des qualitez naturelles;

Vn homme est plus ferme en sa vertu en vn âge qu'en vn autre, & la vertu dont il est orné est dite receuoir en soy quelque surcroist de vigueur.

Vn homme exerce sa vertu sur plus, ou moins de sujets, & quand sa vertu reçoit de nouuelles occupations, elle est dite receuoir aussi plus de degrez d'estenduë.

Les qualitez considerées comme concretes, c'est à dire comme attachées, reçoiuent le plus & le moins; & ainsi les choses blanches sont plus ou moins blanches, parce qu'elles participent plus ou moins à la blancheur, & les qualitez considerées comme abstraites, c'est à dire comme des-vnies, ne reçoiuent ny le plus, ny le moins; & ainsi la blancheur n'est ny plus, ny moins blancheur, parce que dans son destachement elle est pure, & qu'elle ne participe point par consequent aux impuretez du sujet.

De la relation.

L'ESTRE comparable est le genre de cette categorie.

La relation, selon quelques-vns, est vn accident dont la nature consiste à dépendre du renuoy que l'esprit fait d'vne chose à vne autre.

Et la relation, selon quelques autres, est vn accident dont l'essence consiste au mutuel rapport que les choses ont entr'elles.

La relation, à mon aduis, n'est autre chose que ce qui ne peut estre conceu que par rapport à quelque autre chose.

Comme les sens sont les maistres de nostre connoissance, & qu'ils ne connoissent, dit-on, ny le double comme double, ny le simple comme simple, plusieurs Philosophes ont traitté la relation d'estre de raison, & ont creu qu'elle deuoit estre bannie des categories ; mais soit que les bestes connoissent le gros & le menu, comme dit Euclide, ou que la connoissance des relatifs appartienne à l'esprit, il est vray de dire que la pluspart des relations sont quelque chose de reel, & qu'on ne peut combattre cette verité qu'on ne choque le bon sens.

Ceux qui tiennent que toutes les relations sont rationnelles, disent qu'il est impossible qu'il puisse arriuer vn estre reel à vne chose qu'elle ne soit differente de ce qu'elle estoit auparauant : Or est-il, adjoustent ces Messieurs, qu'vne muraille qui est nouuellement bastie à Lion n'adjouste rien de reel à vne autre muraille qui est bastie à Paris ; & ainsi ils concluent que les relations sont de purs ouurages de l'esprit.

Ceux qui tiennent qu'il y a des relations reelles, disent que les considerations de l'esprit n'adjoustent rien aux choses, & que comme les murailles sont blanches par elles-mesmes, elles sont semblables aussi par les mesmes principes.

Il y a trois choses dans la relation, il y a le fondement, les termes, & le sujet.

Le fondement, c'est la raison sur laquelle est fondée la relation des choses ; la blancheur, par exemple, est la raison du rapport qui se treuue entre deux murailles blanches ; & la generation est celle du rapport qui se treuue entre la paternité & la filiation.

Dans les relations où se rencontrent les puissances d'agir & de patir, le fondement est éloigné, ou prochain.

Le fondement éloigné de la relation, c'est la premiere cause, & ainsi la puissance d'engendrer est le fondement éloigné de la relation qu'il y a entre le pere & le fils.

Le fondement prochain de la relation, c'est la derniere condition, qui est necessaire pour la faire naistre ; en vn mot, c'est la reduction de la puissance à l'acte, & ainsi l'action est le fondement prochain du rapport qui se treuue entre la cause & l'effet.

Comme le fondement precede l'édifice, le fondement éloigné de la relation precede le fondement prochain, la qualité d'homme deuance celle de pere, la puiſſance d'engendrer precede l'engendrement.

Le fondement de la relation eſt tantoſt diſtinct de ſes extrémes, & tantoſt il ne l'eſt pas.

Le fondement accidentel eſt diſtinct de ſes extrémes; car la blancheur, qui eſt la raiſon ſur laquelle eſt fondée le rapport qu'il y a entre deux murailles blanches, eſt diſtincte des murailles.

Le fondement ſubſtantiel n'eſt pas diſtinct de ſes extrémes, car l'humanité ſur laquelle eſt fondée la relation qui ſe treuue entre Pierre & Simon, eſt ſeparément l'eſſence de l'vn & de l'autre.

Les termes, ce ſont les choſes qui entre-bornent le rapport qu'il y a entr'elles, le rapport qu'il y a entre le pere & le fils ſe termine entr'eux.

Entre les extrémes de la relation, l'extréme qui eſt ſignifié au cas direct eſt appellé ſujet: Quand on dit,

Philippe est le pere d'Alexandre, le sujet c'est Philippe, qui est exprimé au nominatif; & ce qui est rapporté au sujet c'est Alexandre, qui est exprimé au cas oblique, c'est à dire icy au genitif.

Il y a des relatifs qui sont en leurs correlatifs, & il y en a d'autres qui n'y sont pas.

Il y en a qui y sont, comme la situation, qui est au situé.

Et il y en a qui n'y sont pas, comme le sens, qui n'est pas au sensible, c'est à dire, en la chose veuë, oüye, odorée.

Il y a des relatifs qui n'ont qu'vn correlatif, comme vn maistre qui n'a qu'vn domestique; & il y en a qui ont plusieurs correlatifs, comme vn pere qui a plusieurs enfans.

Quelques-vns disent, qu'encores qu'vn pere ait plusieurs enfans, il n'y a entr'eux qu'vne relation, parce, disent-ils, qu'vn sujet ne peut auoir plusieurs accidens d'vne mesme espece; & que comme la chaleur du feu, par exemple, & celle du Soleil, qui agiſſent en meſme temps ſur vne meſme eau, ſe meſlent & ſe confondent, les relations filiales qui ſe referent à vn meſme pere, ſe ioignent & ſe ſimplifient.

Quelques autres tiennent que le pere eſt pris autant de fois pour relatif qu'il y a de correlatifs ; qu'il eſt de luy comme du poinct d'vn cercle, & que comme le poinct eſt pris autant de fois pour centre qu'on tire de luy de lignes à la circonference, vn pere eſt pris autant de fois pour pere qu'on le refere ſeparément à ſes enfans.

I'auouë que quand vn pere eſt referé ſucceſſiuement à ſes enfans, il eſt pris autant de fois pour relatif qu'il eſt referé ; mais quand on le rapporte par vn ſeul acte à la multitude de ſes enfans, il n'y a point de doute qu'il n'eſt pris que pour vn relatif.

Il y a des relatifs qui ne peuuent eſtre que d'vne categorie, & il y en a qui peuuent eſtre de pluſieurs predicamens.

Les

Les premiers sont comme l'égalité, & les autres sont comme la Science.

L'égalité appartient à la quantité, elle ne peut auoir vn autre fondement.

La Science appartient à la qualité, elle est vne espece d'habitude; mais elle est relatiue, si on la considere au regard de la chose sceuë.

Il y a des relations qui sont mutuelles, & il y en a qui ne le sont pas.

Les relations qui sont mutuelles, ce sont celles qui se treuuent entre le pere & le fils, entre le maistre & le valet.

Et les relations qui ne le sont pas, ce sont celles qui se rencontrent entre la Science, & son objet, entre le sens & le sensible; & ces sortes de relations sont imparfaites, parce que tous les animaux peuuent mourir, & que le reste du monde peut subsister, que la chose sceuë peut estre sans la Science, & que le sensible peut estre sans le sens.

Il y a des relations selon l'estre, & il y en a selon le dire.

Les relations selon l'estre, ce sont celles qui se treuuent entre les choses dont le rapport dépend d'elles-mesmes. Tels sont les rapports qui se rencontrent entre le Maistre & le Disciple, entre le Souuerain & le Sujet; car quand on ne rapporteroit point ces extrémes les vns aux autres, ils ne laisseroient pas d'estre effectiuement relatifs.

Les relations, selon le dire, ce sont celles qui se treuuent entre les choses dont le rapport dépend d'autruy: Tels sont les rapports qui se rencontrent entre le droit & le gauche, le deuant & le derriere; car ces extrémes ne sont relatifs qu'au regard de la diuerse situation de ceux qui enuisagent les choses.

Il y a des relations d'équiparence, & il y en a de disquiparence.

Les relations d'équiparence, ce sont celles qui se treuuent entre les extrémes, qui portent vn mesme nom, comme entre les choses semblables; car deux murailles blanches, par exemple, qui sont semblables en qualité, portent chacune le nom de murailles blanches.

Les relations de disquiparence, ce sont celles qui se treuuent entre les extrémes, qui portent vn nom different, comme entre les choses dissemblables ; car le superieur & l'inferieur, par exemple, qui sont dissemblables en qualité, portent chacun vn nom opposé.

Il y a enfin des relations dont les extrémes sont conuertibles, & il y en a dont les extrémes qui ne sont pas conuertibles, peuuent le deuenir.

Les premieres, ce sont celles qui se treuuent entre le pere & le fils, parce que le pere dit le fils, & que le fils dit le pere.

Et les autres, ce sont celles qui se treuuent entre l'aisle & l'oiseau ; car qui dit l'oiseau dit l'aisle, mais qui dit l'aisle ne dit pas toûjours l'oiseau : Les mouches & les papillons ne sont pas des oiseaux, & ils

M ij

ont des aisles ; mais pour faire d'vne relation inconuertible vne relation mutuelle, il suffit en ce rencontre d'opposer l'aisle à l'aislé.

Toutes les relations ont leur fondement en la substance, en la quantité, en la qualité, en la situation, ou au mouuement.

Sur la substance sont fondées les relations de diuersité, ou de mesmeté.

Sur la quantité sont fondées les relations d'égalité & d'inégalité, de mesure & de mesuré.

Sur la qualité sont fondées les relations de similitude, & de dissimilitude, c'est à dire, de ressemblance & de dissemblance.

Sur la situation, ie veux dire sur le droit & sur le gauche, sur le haut & sur le bas, sur l'anterieur & sur le posterieur, sont fondées les relations anonimes, c'est à dire qui n'ont point de nom.

Enfin sur le mouuement sont fondées les relations de pere & de fils,

Il est important de remarquer, qu'encores que la relation demeure après l'action, la relation n'est point deuant elle, & par consequent que les relations de pere & de fils, de cause & d'effet, de moteur & de meu, sont plutost fondées sur l'action que sur les facultez actiues.

Des proprietez de la relation.

IL y a des relatifs qui se rapportent plus ou moins; car les choses blanches & les choses noires peuuent estre plus ou moins semblables.

Il y a des relatifs qui ne reçoiuent ny le plus, ny le moins; car les choses doubles ne peuuent estre plus ou moins doubles; les maris ne peuuent estre plus ou moins maris.

Les veritables relatifs ne s'entredeuancent point, qui pose le maistre pose le valet, qui pose le Capitaine pose le Soldat.

Les relatifs sont reciproquement

attribuez les vns aux autres, le double est double de la moitié, la moitié est la moitié du double ; le pere est le pere du fils, le fils est le fils du pere ; le mary est le mary de la femme, & la femme est la femme du mary.

Qui connoist vn relatif, connoist ordinairement l'autre ; qui sçait ce que c'est que moteur, sçait ce que c'est que meu.

De l'action, & de la passion.

Quelques vns disent que l'action n'est autre chose que ce qui est consideré, comme sortant de l'agent.

Quelques autres tiennent que l'action ne consiste qu'en l'exercice de la chose agissante.

Et quelques autres enfin asseurent que l'action n'est autre chose qu'vn accident, qui donne le nom d'agent à ce qui agit.

Il n'y a point de difference entre l'action & la passion, elles sont reellement vne mesme chose ; & si elles reçoiuent diuers noms, c'est que l'action est consideree, & comme émanée, & comme receuë.

Vn Auteur moderne s'estonne de ce qu'on traitte de l'action & de la passion comme de categories absoluës, mais il deuoit considerer qu'à proprement parler, il n'y a point de relation entre l'action & la passion, mais bien entre l'agent & le patient ; qu'vn relatif ne peut estre relatif à soy-mesme ; que l'action & la passion sont vne mesme chose ; & que l'action n'emprunte ses differences que du lieu d'où elle part, & que du terme où elle aboutit.

Ce Philosophe, qui veritablement sçait quelque chose, mais qui ne se plaist qu'à mordre les Peripateticiens, & qu'à effleurer les matieres, qu'à faire des objections, & qu'à laisser des doutes, s'estonne encores de ce qu'on traitte de la relation en diuers endroits ; mais il deuoit se representer que les diuerses fins engendrent quelquesfois les mesmes actions, qu'on traitte de la relation dans les categories pour faire connoître les rapports & les subordinations, & qu'on traitte de la mesme categorie dans les post-predicamens, pour faire connoître les oppositions & les repugnances.

Pour bien discourir de l'action il faut discourir des choses qui sont requises à l'action mesme ; & ces choses sont l'agent, la vertu d'agir, le sujet, & la production.

Lors que le feu échauffe l'eau, on remarque en cet échauffement, qui à la verité est plutost le progrez de l'action que l'action simple, les choses que ie viens de deduire.

On y remarque le feu comme agent.

La chaleur, comme la vertu par laquelle le feu agit.

L'eau, comme le sujet sur lequel l'agent s'exerce.

Et la chaleur comme l'effusion du feu, comme la production de son actiuité, comme l'image réelle de sa vertu.

La

La chaleur n'est pas l'action du feu, elle est le principe de l'action ; l'action donne le nom d'agent au feu, & la chaleur donne le nom de chaud au mesme Element.

Il y a des actions immanentes, comme le vouloir, qui demeure dans la faculté où il se forme.

Il y a des actions passageres, comme l'action du feu, qui passe de sa source à l'eau, au bois, au fer, &c.

Il y a des actions qui laissent quelque chose aprés elles, comme l'action du feu, qui laisse des marques de brûlure, comme l'action de la main, qui laisse des traits de pinceau.

Il y a des actions qui ne laissent rien aprés elles, comme le passage d'vn batteau sur l'eau, comme le mouuement des pieds sur la corde, comme le vol des oiseaux en l'air.

Il y a des actions qui se font en vn instant, comme le vouloir, l'oüyr, le voir, &c.

Il y a des actions qui se font auecque temps, comme le planter, l'écorcher, le baſtir; mais ces actions, à proprement parler, ſont des mouuemens.

Il y a des actions qui ſont naturelles, comme le penchant de la pierre.

Il y a des actions qui ſont violentes, comme le jet d'vn baſſin.

Il y a des actions qui ſont purement volontaire, comme le promener.

Il y a des actions qui ſont demy-volontaires, comme le iettement des marchandiſes en la Mer.

Il y a des actions ſimples, comme le voir.

Il y a des actions compoſées, comme le diſcourir.

Il y a des actions qui plaiſent, comme les exhalaiſons des roſes, comme les éuaporations des œillets, comme les épanchemens des aromates.

Il y a des actions qui embelliſſent, comme les effuſions de la lumiere en l'air, comme les infuſions de la Grace en l'Ame, comme les rayons de la Science en l'entendement.

Il y a des actions qui corrompent, comme les actiuitez excessiues du feu en l'eau, comme les illuminations directes du Soleil en l'œil.

Il y a des actions qui perfectionnent, comme les actes qui forment les Vertus morales, comme les exercices qui engendrent les habitudes artificielles, comme les frequentes meditations qui forment les connoissances scientifiques.

Il y a des actions qui ne font point souffrir l'agent, comme l'action du Soleil sur les choses sublunaires, parce que le Soleil est hors des atteintes du renuoy des choses.

Il y a des actions qui font souffrir l'agent, comme l'action des mâchoires sur les choses solides, parce que la dureté du corps resiste à l'impression des dents.

Il y a des actions qui font plus vistes à la fin qu'au commencement, comme le mouuement d'vne pierre en bas, parce que quand les choses qui sont incapables de lassitude approchent plus prés de leur centre, elles reçoiuent vne plus violente attraction.

Il y a des actions qui sont plus vistes au milieu qu'à la fin, comme les courses des animaux, parce qu'à mesure que les esprits se diminuent, le mouuement s'allentit.

Il y a des actions qui sont moins vistes sur la fin qu'au commencement, comme le lancement des fléches en haut, parce que l'air le plus éloigné du mobile resiste plus au mouuement violent du iauelot que l'air le plus proche.

Il y a des actions enfin qui sont foibles au commencement, qui sont debiles à la fin, & qui sont vigoureuses au milieu, comme la sortie d'vne balle de canon, qui frappe de prés le trauail qu'on veut ébouler, parce que l'action est d'abord comme estouffée, que sur la fin elle se rclâche, & que dans vn iuste interualle la vertu motrice se déploye:

Des proprietez de l'action.

QVi pose le mouuement pose l'action, mais qui pose l'action ne pose pas toûjours le mouuement, parce que le mouuement est vne action progressiue, & qu'il y a des actions momentanées.

Les actions peuuent estre contraires, l'échauffement est contraire au refroidissement.

Les actions peuuent estre plus ou moins vigoureuses, les actions du feu sont plus actiues en Hyuer qu'en Esté.

Des petites categories.
Du quand.

CEtte categorie renferme les differences du temps, & elle répond à la demande qu'on fait par quand; & ainsi on dit, quand allâtes-vous à la Cour? hier: quand commencerez-vous à bastir, demain ; quand vous marirez-vous ? aujourd'huy.

De l'où.

COMME la categorie precedente n'exprime pas la nature du temps, mais ses designations, celle-cy n'exprime pas aussi la nature du lieu, mais ses differences, & cette mesme categorie répond à la demande qu'on fait par où ; & ainsi on dit, où fut tué Cesar ? au Senat ; où fut assassiné Henry quatriéme ? dans son carosse ; où mourut son successeur ? dans son lit.

De l'estre situé.

CETTE categorie ne comprend pas la situation des parties qui se referent à l'estre situé, si cela estoit, elle empieteroit sur la relation, elle ne comprend que les differentes dispositions des parties d'vn corps, & elle répond à la demande qu'on fait par quel ; & ainsi on dit, en quelle situation est vostre maistresse ? elle est debout, elle est courbée, elle est assise, elle est agenoüillée.

Il y a en general trois sortes de disposition de parties.

La premiere est naturelle, comme la racine de l'arbre, qui est toûjours en-bas.

La deuxiéme est artificielle, comme le toit d'vne maison, qui est toûjours en-haut.

La derniere est violente, comme la situation d'vne roüe, qui est toûjours en rond.

De l'habit.

L'HABIT ne signifie pas icy les habillemens, car les habillemens sont des substances, & les substances appartiennent au fondement de toutes les categories, Il signifie la diuerse application des habits ; & ainsi sur quelque demande qu'on fait par comment estoit-il ? on répond, il estoit chauffé, il estoit

Des opposez.

L'OPPOSITION est vn terme generique, qui renferme dans l'estenduë de sa signification les relatifs, les contraires, les priuatifs, les contradictoires, & les simplement differens.

Les relatifs, qui sont tous deux quelque chose, se combatent en acte & en puissance, le pere n'est pas le fils de son fils, & il ne le peut estre.

Il y a des relatifs qui ont vn entre-deux, & il y en a d'autres qui n'en ont point : Il n'y a point de milieu entre le pere & le fils, mais il y a vn mediocre entre le grand & le petit.

Les contraires, qui sont tous deux quelque chose, se chassent en acte, mais non pas en puissance ; ce qui est froid n'est pas chaud, mais il le peut deuenir.

Quelques-vns disent, que les

contraires sont des accidens d'vne même categorie, qui ont moins de repugnance à vn troisiéme qu'ils n'en ont entr'eux ; mais cette definition ne me semble pas trop bonne ; car les vices ont moins de repugnance entr'eux qu'ils n'en ont à la vertu.

Quelques autres disent, que les contraires sont des accidens qui sont tres éloignez l'vn de l'autre, & qui ne peuuent estre ensemble en vn même sujet.

Quand on dit, qu'ils sont tres-éloignez l'vn de l'autre, on entend parler d'vn éloignement de nature : car quand ils sont proches, c'est alors que leurs vertus se renforcent, & que leurs repugnances éclatent. Les contraires mediocres sont compatibles, mais alors ils ne sont pas proprement contraires, puisque le contraire comme contraire est amy de la discorde, qu'il est appellé aduersaire, & que là où les contraires s'accordent, ils perdent, ce semble, leur contrarieté.

Quoy que les differences collaterales des categories, comme sont, par exemple, la corporelle, & l'incorporelle, soient logez immediatement sous vn mesme genre, qui est le mot de substance, elles ne sont pas proprement contraires ; parce que les contraires, à proprement parler, ne sont seulement pas sous vn mesme genre, comme la froideur & la chaleur sous le mot de qualité, mais peuuent estre succesfiuement en vn mesme sujet, & que les differences collaterales ne peuuent estre succesfiuement en vne mesme substance.

Les veritables relatifs ne peuuent estre l'vn sans l'autre ; mais quoy que le Philosophe enseigne qu'vn opposé ne puisse estre seul en la nature, vn contraire peut estre sans son contraire : Quand Dieu dit, que tout ce qu'il auoit fait estoit bon, il n'y auoit point encores de mal au Monde ; Quand il n'y auroit point de guerre, la paix ne laisseroit pas d'estre ; Quand il n'y auroit point de maladie, la santé ne laisseroit pas d'exister.

Il y a des contraires dont la signification est simple, & il y en a d'autres dont la signification est double.

La froideur & la chaleur sont du premier rang, parce qu'ils ne signifient que ce qui comprime, & que ce qui dilate.

Le graue, le clair & le vert sont du dernier ordre, parce que graue, en-tant que voix, a pour contraire l'aigu, & qu'en-tant que fardeau il a pour contraire le leger ; que le clair, comme couleur, a pour contraire le sombre, & que comme voix il a pour contraire l'enroüé ou le cassé; que le vert, en qualité de de vin, a pour contraire le meur, & qu'en qualité de couleur il n'a pour opposé que des choses simplement differentes.

Il y a des contraires qui ont vn moyen, & il y en a d'autres qui n'en n'ont point : Entre le blanc & le noir, il y a le pasle & le brun ; Entre le froid & le chaud, il y a le tiede ; Entre le mal & le bien, il y a l'indolence, mais entre la santé & la maladie, la servitude & la liberté, la ligne courbe & la ligne droite il n'y a point de troisiémes.

Il y a des contraires qui ont des genres prochains differens, & il y en a d'autres qui n'ont qu'vn mesme genre prochain : La Iustice a pour genre prochain la vertu, & l'injustice a pour genre immediat le vice, mais le blanc & le noir n'ont qu'vn genre prochain, qui est la couleur.

Il y a des contraires qui ont vn milieu qui participe à leur nature, & il y en a d'autres qui ont milieu qui n'y participe point ; Le tiede, comme i'ay desja dit, tient du froid & du chaud, mais la vertu ne tient, ny du defaut, ny de l'excez. Celuy qui pose vn contraire renuerse l'autre, car celuy qui dit, qu'vn tel n'est pas libre, dit qu'il est serf ; mais celuy qui destruit vn contraire ne pose pas toûjours l'autre, car celuy qui dit, qu'vn tel, ou tel visage n'est pas blanc, ne dit pas qu'il est noir.

Les contraires ne disconuiennent pas en toutes choses ; Si le noir est visible, il ne s'enſuit pas que le blanc ſoit inuiſible.

Les contraires excitent ordinairement des actions contraires ; Si le plaiſir excite noſtre recherche, la douleur excite noſtre fuite.

Pluſieurs effets contraires naiſſent quelquefois d'vne meſme cauſe, mais la contrarieté n'eſt pas tant au principe qu'au ſujet ; Le feu durcit la terre, & amolit la cire, mais la contrarieté de ces effets prouient de la diuerſe diſpoſition des patiens.

Les priuatifs, dont l'vn eſt quelque choſe, & dont l'autre n'eſt rien, ſe chaſſent en acte, & non pas en puiſſance; Ce qui eſt tenebreux n'eſt pas lumineux, mais il le peut eſtre.

Il faut remarquer en paſſant, que l'habitude & la priuation ont cela de commun auecque les contraires, qu'ils ſe placent en vn meſme ſujet, que l'aueuglement ſuccede à la veuë au meſme lieu où la viſion ſe fait ;

mais que les contraires, comme par exemple, le noir & le blanc, ont cela de different de l'habitude & de la priuation, qu'ils sont logez sous vn terme generique, à sçauoir sous le mot de couleur, qui renferme dans l'estenduë de sa signification des estres reels & positifs.

Il y a des priuatifs qui ont vn milieu, & il y en a d'autres qui n'en ont point : Il n'y a point de milieu entre la mort & la vie, mais il y a vn entre-chien & loup, qui n'est ny clair, ny tenebreux.

Vn sujet ne peut estre dit proprement priué d'vne chose que quand il est naturellement capable de la receuoir : La muraille n'est pas dite aueugle, parce qu'elle ne peut estre dite clair-voyante.

Vn sujet qui est naturellement capable de receuoir vne chose n'est pas toûjours dit priué de la chose, car il y a vn certain temps, sans lequel les choses ne peuuent auoir leur accomplissement : Les enfans, qui ne sont pas encores nez, ne sont pas dits aueugles, parce qu'en cet estat ils ne sont pas naturellement capables de receuoir la veuë.

Les contradictoires, dont l'vn est quelque chose, & dont l'autre n'est rien, se combatent en acte & en puissance : Il est impossible qu'vn mesme estre soit animé, & qu'il ne soit pas animé.

Des propositions contradictoires l'vne est toûjours vraye, mais des autres propositions l'vne peut estre fausse comme l'autre, & toutes les deux peuuent estre receuables.

La muraille est saine.
La muraille est malade.
Ces propositions contraires sont fausses.

Le diamant est aueugle.
Le diamant est voyant.
Ces propositions priuatiues sont fausses.

Tel homme est pere.
Tel homme est fils.
Ces propositions relatiues peuuent estre vrayes.

Pour bien découurir la contradiction des choses, souuenez-vous qu'elle doit estre d'vn mesme sujet, d'vn mesme attribut, d'vne mesme maniere, d'vn mesme objet, d'vn mesme temps, & d'vne mesme consideration.

Achiles est beau.

Thersite n'est pas beau.

Ces propositions ne sont pas contradictoires, parce que les sujets sont differens.

Achiles est beau.

Achiles n'est pas vaillant.

Ces propositions ne sont pas contradictoires, parce que les attributs sont opposez.

Alexandre est Philosophe.

Alexandre n'est pas Philosophe.

Vne de ces propositions peut estre vraye, parce qu'Alexandre peut estre pris en la premiere pour Alexandre le Grand, & en l'autre pour Alexandre Paris.

Cesar est extrémement vaillant.

Cesar n'est pas vaillant.

La derniere proposition peut estre vraye, car on peut estre vaillant, &
ne

Première Partie.

ne l'estre pas heroïquement. Mais pour reduire ces propositions à la contradiction, il faut ioindre l'aduerbe à l'vne & à l'autre.

Les arbres fleuriſſent.

Les arbres ne fleuriſſent point.

Ces propoſitions peuuent eſtre vrayes; car les arbres fleuriſſent au Printemps, & ils ne fleuriſſent pas en Hyuer; mais pour les rendre contradictoires, il faut exprimer la ſaiſon.

Lucrece eſt blanche.

Lucrece n'eſt pas blanche.

Ces propoſitions peuuent eſtre vraye, car Lucrece peut eſtre blanche au reſpect du ſucre candy, & elle peut eſtre noire au reſpect de l'albaſtre.

Les oppoſez ſimplement differens ce ſont ceux qui ne ſont, ny relatifs, ny contraires, ny priuatifs, ny contradictoires; & ainſi le vert & le iaune, la Muſique & la Iuriſprudence, la ſanté & la grace ſont ſimplement differens.

De la precedence des choses.

LEs choses vont deuant quelques autres en ordre de temps, Pytagore precede Aristote, Athenes precede Rome, & la Monarchie des Assyriens precede celle des Grecs.

Les choses vont deuant quelques autres en ordre de doctrine, les principes precedent les conclusions.

Les choses vont deuant quelques autres en ordre de situation, l'exorde precede l'exposition du fait, la narration precede la confirmation, & la confirmation precede l'epilogue.

Les choses vont deuant quelques autres en ordre de nature, le raisonnable precede le risible, le Soleil precede les rayons.

Les choses vont deuant quelques autres en ordre de production, le Pere Eternel est premier que le Fils, parce qu'il est le premier produisant.

Les choses vont deuant quelques

autres en ordre de dignité, le President precede le Conseiller, le Conseiller l'Aduocat, l'Aduocat le Procureur.

Les choses vont deuant quelques autres en ordre d'excellence, l'or precede l'argent; le diamant, l'émeraude; le froment, le seigle.

Les choses vont deuant quelques autres en ordre de primauté & d'indépendance, l'vnité precede le nombre, le nombre depend d'elle, & elle est indépendante du nombre.

Les choses enfin vont deuant & aprés quelques autres, selon le projet & l'accomplissement; l'habitation, par exemple, qui est la fin de l'Architecte, est premiere en ordre de projet que le bastiment, car auant que de bastir on se propose l'habitation; mais l'habitation, qui est premiere en ordre de dessein, est posterieure en ordre d'execution, car il faut que la maison soit faite auant qu'elle soit occupée.

De l'ensemble

LEs choses sont dites estre ensemble, lors qu'elles sont reciproquement dépendantes.

Lors qu'elles sont vis-à-vis les vnes des autres.

Lors qu'elles sont contemporaines.

Lors qu'elles sont proches, c'est à dire, qu'elles sont comme en vn mesme espace.

Les relatifs sont ensemble, car le pere dépend du fils, & le fils du pere.

Les causes & les effets sont ensemble, car la cause dépend de l'effet, & l'effet de la cause.

La vertu & la beatitude sont ensemble, car on ne peut estre content & n'estre pas vertueux, & on ne peut estre vertueux, & n'estre pas content.

La forme & la matiere sont ensemble, car la forme ne peut informer sans matiere, & la matiere ne peut estre informée sans la forme.

Les differences collaterales sont ensemble, car elles sont au mesme niueau.

Sylla & Marius sont ensemble, car ils sont de mesme temps.

Les meubles d'vne chambre sont ensemble, car ils sont comme en vn mesme lieu.

De l'auoir

LE mot d'auoir signifie tantost posseder, & tantost contenir.

Au respect de la premiere signification, on peut dire qu'vn Caualier possede vn cheual, qu'vn Bourgeois possede vne maison, qu'vn Paysan possede vne terre, qu'vn Noble possede vn fief.

Et au respect de l'autre signification, on peut dire que le tout contient la partie, que le lieu contient le corps, que l'anneau contient le doigt, que le vaisseau contient le pilote.

Du mouuement.

ARISTOTE traitte icy en passant du mouuement, parce que la substance, qui est la fondamentale des categories, ne peut receuoir de contraires, sans des actions progressiues.

Le repos est opposé priuatiuement à toute sorte de mouuement, mais chaque mouuement a son opposé: La generation est contraire à la corruption, l'accroissement à la diminution, l'alteration du blanc en noir à l'alteration du noir en blanc, & le mouuement de bas en haut à celuy de haut en bas.

De la diuision.

LA diuision est Physique, ou Logique.

La diuision Physique est vne separation reelle d'vne chose d'vne autre.

Et la diuision Logique est vn acte

de l'esprit qui considere separément les parties d'vn tout.

On diuise vn genre en ses especes, comme l'animal en l'homme & en la beste.

On diuise vn terme en ses diuerses significations, comme le mot d'anathéme, qui au rapport de Baronius signifie retranchement, abomination, haine, meurtre, don dedié à Dieu, &c.

On diuise vn estre reel en son positif & en son rationel, comme l'homme en singulier, & en vniuersel, comme la substance en premiere & en seconde.

On diuise le sujet en accidens, comme l'homme en Medecin, en Aduocat, &c.

On diuise l'accident en d'autres accidens, comme le Medecin en pauure, en riche, &c.

On diuise l'accident en diuers sujets, comme le plaisir en corporel, & en spirituel.

On diuise le tout en ses parties, comme l'homme en bras, en iambe, en teste, &c.

Il est important de remarquer, que quand on diuise vn tout en des parties qui ne retiennent pas separément le nom du diuisé, comme font le raisonnable & l'irraisonnable, qui retiennent separément le nom de l'animal, il ne faut pas se seruir de la disjonctiue, c'est à dire du ou; car c'est mal diuiser les choses que de dire, par exemple, l'homme est, ou corps ou ame, il n'est ny l'vn, ny l'autre; de sorte que pour bien s'acquiter de la diuision dont i'entends parler, il faut dire, ce me semble, des parties essentielles qui composent l'homme, l'vne est materielle, & l'autre est spirituelle; des parties qui composent la maison, l'vne est le fondement, l'autre sont les murailles, & l'autre est la couuerture.

Des regles de la diuision.

IL faut que le tout diuisé contienne dauantage que chaque partie prise à part: Entre les animaux, par exemple,

exemple, qui est le tout qu'on diuise : Les vns, disent les ignorans, sont sensitifs, les autres sont brutaux, & les autres sont raisonnables. Cette diuision peche, car le mot de sensitif est d'aussi grande estenduë que le mot d'animal.

Il faut que les parties de la diuision, prises ensemble, soient d'égale estenduë au tout qu'on diuise : Des choses viuantes, disent les mesmes ignorans, les vnes sont des hommes & les autres sont des brutes : Cette diuision peche encores, car elle ne comprend pas les plantes.

Il faut que les parties de la diuision ne passent pas l'estenduë du tout diuisé. Entre les animaux les vns sont mortels, & les autres immortels : Cette diuision est vitieuse, car le mot d'immortel conuient à des estres qui ne sont point renfermez sous le mot d'animal.

Il faut que les parties diuisées soient differentes entr'elles : Des premiers mouuemens de la volonté, selon l'ordre des propations, l'vn est

P

le vouloir, & l'autre l'amour. Cette diuision est ridicule ; car comme dans la volonté le vouloir & l'amour sont vne mesme chose, c'est diuiser vne chose d'elle-mesme.

Il faut que les membres opposez soient les vns hors des autres. L'animal est brute, ou oiseau : Cette diuision n'est pas legitime, parce que la brute renferme l'oiseau, & que l'oiseau renferme la brute.

On me dira, peut estre, que si ce que ie viens de prescrire estoit veritable, la diuision qu'on fait de l'homme en animal & en raisonnable seroit irreguliere, puisque le mot d'animal est plus vaste que le mot d'homme. Il est vray que le mot d'animal pris simplement est vn terme qui renferme dans l'estenduë de sa signification tous les animaux, mais il est vray aussi que quand on luy donne vn adjoint il est restraint à estre seulement vne partie de la chose diuisée.

On me dira, peut-estre encores, que la diuision de l'homme en animal & en raisonnable, que celle du bien en vtile, en honneste & en delectable, sont defectueuses, puisque raisonnable & animal sont vne mesme chose, & que le mesme bien qui est honneste, est vtile & delectable.

Ie réponds en premier lieu, que si l'animal n'est pas absolument distinct du raisonnable, il l'est comparatiuement, puisque sous le mot d'animal il est comparé aux bestes, & que sous le mot de raisonnable il est comparé aux Intelligences.

Ie réponds enfin, qu'encores que le bien honneste contienne les deux autres biens, il est neantmoins distinct d'eux, par les diuerses considerations qu'il reçoit, puisque comparé aux regles du deuoir, il est dit honneste; que comparé aux fruits qu'il produit, il est dit vtile, & que comparé aux puissances de l'Ame qu'il satisfait, il est dit delectable.

Il faut faire en sorte que la diuision soit faite entre deux termes immediats ; & ainsi on diuise l'animal, en l'homme & en la beste ; la ligne, eu la droite & en la courbe ; le nombre, au pair, & en l'impair : mais à dire le vray, ces sortes de diuisions sont rares. Que si les membres de la diuision ne sont pas reellement opposez, on peut les diuiser rationellement, c'est à dire, par quelque consideration ; & ainsi on peut diuise vn pilier en costé droit, & en costé gauche.

Il ne faut pas exprimer vne des parties du tout diuisé par vn terme negatif : Des quantitez continues les vnes sont lignes, & les autres ne le sont pas. Cette diuision n'est pas declaratoire, neantmoins le peché de ces sortes de diuisions est excusable lors qu'vne des parties manque de nom ; & c'est pour cette raison que les Logiciens reçoiuent la diuision qu'on fait de l'animal en raisonnable, & en irraisonnable.

De la definition.

LA definition, disent quelques-vns, appartient à la Metaphysique : Et quoy que les argumens renferment les conclusions, & que les conclusions soient souuent des definitions ; neantmoins, continuent ils, le Logicien ne doit pas parler des moyens de definir, puis qu'il n'appartient pas à l'Armurier de discourir des exploits de Guerre, qui sont des suites des Armes qu'il a forgées. Ie dirois bien des choses sur cette objection, mais comme ie n'entre pas volontiers dans les discours inutiles, il suffit de representer au Lecteur que la definition renferme le genre prochain, & la difference specifique ; Que nous auons discouru des categories ; Que dans les categories on fait voir ordinairement la subordination des estres ; & que pour donner vne viue idée des parties de la definition, il est à propos que son traitté suiue de prés celuy des predicamens.

Le traitté de la definition est si remarquable, qu'vn Ancien a bien osé dire, que l'ignorance de la definition estoit l'ignorance de toutes choses. En effet, qui ne sçait point la definition des choses, ne sçait point les choses, puisque la definition ne consiste qu'en la connoissance de ce en quoy elles conuiennent, & de ce en quoy elles different, & que qui ne connoist, ny leurs rapports, ny leurs oppositions, ne connoist, ny leurs genres, ny leurs differences : Mais tous les hommes ne definissent pas comme Socrate, ny ne diuisent pas comme Platon ; & Antisthenes, au rapport d'Aristote, tenoit que la nature des choses estoit si difficile à connoistre, qu'il estoit comme impossible de faire vne bonne definition.

Il y a deux sortes de definition, l'vne regarde la chose, & l'autre le nom.

La premiere est diuisée en essentielle, & en accidentelle.

L'essentielle explique clairement la nature du deffini, c'est à dire, qu'elle deueloppe les degrez d'estres qui sont exprimez confusément par le simple terme de la chose.

La definition essentielle est double, l'vne est Physique, & l'autre Logique.

La premiere exprime la matiere & la forme, & l'autre exprime le genre prochain & la difference specifique.

La definition accidentelle, ou la descriptiue, exprime, ou vn degré d'estre essentiel, & quelque proprieté, ou elle exprime simplement quelque accident.

La definition du nom est double, l'vne exprime son etymologie, & l'autre sa matiere.

Exemple de la definition essentielle.

L'Homme est vn animal raisonnable.

Autre exemple.

L'Homme est composé d'vne ame raisonnable, & d'vn corps droit.

Exemple de la definition accidentelle.

L'Homme est vn animal qui va la teste leuée, & qui est né pour contempler les merueilles de Dieu.

Autre exemple.

L'Homme est le dernier ouurage de Dieu.

Exemple de la définition etymologique.

LE Soleil est le seul luisant.

Exemple de la définition materielle.

L'ANIMAL c'est ce qui a trois syllabes, & qui est composé de sept lettres.

Il faut remarquer en passant que la definition est appellée oraison, parce qu'elle est composée grammaticalement de plusieurs mots, & qu'elle est appellée lumiere, parce qu'elle represente distinctement à l'intellect ce qui est confusément exprimé par le mot du desiny.

On definit les formes substantielles par les corps dont elles sont formes, l'Ame raisonnable est la forme du corps humain.

On definit les accidens, ou comme separez, ou comme conjoints.

Si on les definit comme separez, leurs sujets tiennent lieu de difference : Le clochement est vn racourcissement de iambe ; le racourcissement, qui est vn accident abstrait ou separé par la force de l'esprit, a pour différence le mot de iambe ; & le mot de iambe, qui est le sujet, est dit à bon droit sa difference : car comme le racourcissement est vn terme general, il peut deuenir particulier par le bras, par le doigt, par le nez, & par quelque autre chose.

Et si on les definit comme conjoints, leurs sujets tiennent lieu de genre. Le boiteux, c'est celuy qui a vne iambe courte : Le mot de iambe exprime la iambe d'vn homme, d'vn cheual, d'vn chien, &c. & c'est pour cette raison qu'il est appellé genre, ou terme general, & le terme de courte, c'est vn terme differentiel, qui distingue les iambes.

On definit les habitudes par les actes : La Logique est vn Art qui apprend à bien tirer vne consequenee; l'Architecture eſt vn autre Art, qui donne des regles pour bien baſtir; la Temperance eſt vne Vertu, par laquelle on modere les plaiſirs de la ioüyſſance, & les douleurs de la priuation.

On definit les facultez par les objets: La veuë eſt vn ſens, par lequel on diſtingue les couleurs; l'oüye eſt vn autre ſens, par lequel on diſtingue les ſons.

On definit les relatifs par les correlatifs: Le pere, c'eſt celuy qui a vn fils; le Docteur, c'eſt celuy qui a vn Diſciple.

On definit ordinairement les paſſions par leur genre, par leur ſujet & par leur cauſe efficiente: La colere eſt vne paſſion de l'appetit iraſcible, qui prouient de l'opinion d'auoir eſté offenſé; la paſſion, eſt le terme general; l'appetit iraſcible, eſt le ſujet; & l'opinion d'auoir eſté offenſé, eſt la cauſe efficiente.

On definit les inſtrumens par l'aptitude: L'œil eſt vn organe qui peut ſeruir à voir: Le marteau eſt vn outil qui peut seruir à coigner.

On definit par la cause finale : L'horloge est vn assemblage artificiel, qui sert à montrer les heures.

On definit par la cause efficiente : L'éclypse de la Lune est l'effet de l'interposition de la terre qui arriue entre le Soleil & la Lune.

On definit par la cause exemplaire : L'homme est vn animal, qui a esté creé à la semblance de Dieu.

On definit par la proprieté : L'aimant, c'est ce qui attire le fer.

On definit par les effets : L'yurognerie, c'est l'entretien de la luxure, c'est le venin de la sagesse.

On definit par l'amas des accidens : L'homme est vn animal, qui a la teste leuée en haut, qui a la nature traittable, qui a la domination du Monde.

On definit par analogie : L'esprit c'est l'œil de l'Ame.

Remarquez en passant, qu'on peut definir vn mesme instrument par les quatre causes : Qu'on peut dire, que la scie est vn outil de fer, qui a la figure d'vne ligne, qui est conduit par la main, & qui sert à diuiser les parties du bois.

Par l'outil, ou l'instrument de fer on exprime la cause materielle.

Par la figure, on exprime la cause formelle.

Par la conduite de la main, on exprime la cause efficiente principale des effets qui suiuent le mouuement.

Et par la diuision des parties du bois, on exprime la cause finale.

On definit par le denombrement: Le iardin, c'est ce qui est composé d'arbres, de parterres, & de potagers: Le vestement, c'est ce qui est composé de pourpoint, de haut de chausses, de bas & de manteau.

On definit les negations par les opposez: L'aueuglement est vne priuation de veuë, la mort est vne priuation de vie.

On definit quelquefois par interpretation, & c'est lors qu'on exprime quelque nom en vne langue estrangere: Le Theologien, c'est vn

Docteur qui traite de Dieu ; l'hypotipose, c'est vne figure qui renferme les circonstances des choses.

On definit quelquefois par negation, & cette façon de definir se fait en deux façons.

On dit en la premiere, que Dieu n'est, ny Ciel, ny Ange, ny cecy, ny cela ; en vn mot, qu'il n'est rien des choses creées, mais qu'il est quelque chose de plus.

Et on dit en l'autre, que la premiere matiere n'est ny arbre, ny pierre, n'est ny chien, ny oiseau ; en vn mot, qu'elle n'est rien de choses visibles, mais qu'elle est quelque chose de moins.

On definit quelquefois vne chose par plusieurs definitions ; & c'est lors qu'en la definition on renferme ce qui est essentiel, & ce qui est accidentel : L'homme blanc est vn animal raisonnable, de couleur qui épanoüyt la veuë.

On definit enfin, & par la forme & par la matiere.

Par la forme, c'est à dire, par ce

qui contribuë le plus à l'essence des choses : La colere est vn appetit de vengeance.

Par la matiere, c'est à dire par ce qui contribuë le moins à la constitution des estres : L'ire est vne ébulition de sang qui se forme à l'entour du cœur.

Quelques-vns demandent icy, ce qu'on definit, lorsqu'on definit les especes des choses : les réponses sont differentes, mais pour moy je tiens qu'on ne definit pas les mots; la raison est, qu'on definit ce dont on declare la nature, & que par la definition des especes, on declare la nature des choses definies; En effet, si on definissoit les mots, on n'exprimeroit pas la nature des choses, on exprimeroit l'etymologie, ou la matiere.

Des regles de la definition.

VNE bonne definition ne peut conuenir qu'à vne seule chose, car elle est à l'essence ce que le portrait est au visage ; Et comme

vn veritable portrait ne peut representer deux visages differens, vne
bonne definition ne peut representer deux natures diuerses. C'e-
stoit mal definir l'homme que de
dire, que c'estoit vn animal sans
plume, cette definition conuient au
serpent aussi bien qu'à l'homme.

La definition doit estre concise
& claire.

Elle doit estre concise, car il suffit de prendre dans la categorie le
degré d'estre le plus proche, & la
difference la plus constitutiue.

Elle doit estre claire, car elle doit
deueloper les parties essentielles qui
sont indistinctement exprimées par
le mot de la chose definie.

Comme on ne doit pas definir la
chose par la negation de son opposé,
& sur tout quand sa nature est connuë, on ne doit pas dire, que la vertu c'est ce qui n'est pas vice, car il
s'ensuiuroit que le bois, le fer, le
feu, seroient des vertus: neantmoins
on peut definir improprement vne
chose par la negation d'vne difference

rence opposée, lors que la vraye difference est inconnuë; & c'est pour cette raison qu'on dit, que la beste est vn animal irraisonnable.

Il ne faut pas que la definition soit metaphorique, & particulierement quand la chose qu'on definit est difficile à conceuoir : car les mots figurez ne sont iamais si intelligibles que les mots simples. On choque cette regle, lors qu'on dit que Dieu est vne sphere dont le centre est par tout, & dont la circonference n'est nulle part, parce qu'on parleroit plus clairement, si en voulant donner quelque idée de Dieu, on disoit que c'est vn estre qui est present à tout, & qui est au dessus de tout. On choque encores cette regle, lors qu'on dit que la Temperance est le frein de la débauche, parce qu'outre que le mot de frein et figuré, la chose qu'on definit est facile à representer. Ce n'est pas que toutes les metaphores doiuent estre bannies; il y en a d'expressiues ; mais c'est qu'en matiere de Science il faut estre soigneux de donner des genres exquis, & des differences essentielles.

Si la définition doit estre plus intelligible que le mot qui represente la chose, les definitions identiques sont vicieuses ; & c'est mal definir, par exemple, la nature humaine que de dire, que l'homme est homme.

La definition doit se restraindre aux choses necessaires, & en ce sens c'est mal definir l'homme que de dire que c'est vn animal raisonnable, qui est capable de Science : Le capable de Science est renfermé dans le raisonnable.

Par la raison des opposez la definition doit renfermer ce qui est requis à l'expression de la chose ; & en ce sens aussi c'est mal definir le blanc, que de dire que c'est ce qui est candide : Vn mot n'est pas vne oraison.

Quand les choses sont comme inconnuës, il faut faire en sorte que la definition leur donne quelque éclaircissement : Si bien que c'est mal definir le feu, que de dire que c'est vn corps qui est semblable à l'Ame, parce que l'Ame est moins connoissable que le feu, & que c'est representer vne chose obscure par vne plus obscure.

C'est mal definir la Iustice, que de dire, que c'est vne chose qui maintient la societé humaine, parce que la definition peche quand le genre est transcendant, que le mot de chose dont il s'agit icy, peut estre attribué à toutes choses, & que les autres Vertus, aussi bien que la Iustice, maintiennent la societé ciuile.

Il ne faut pas definir par l'indefiny ce qui est finy, aussi condamnera-t'on ceux qui disent, que la terre c'est la premiere matiere dont les corps sont composez, parce que la terre est definie, c'est à dire determinée, & que la premiere matiere est indefinie.

Puisqu'vne exacte definition doit renfermer vn veritable genre, on definit mal l'homme, lors qu'on dit que c'est ce qui peut nombrer, parqu'on obmet le mot d'animal, qui est le veritable genre de l'homme & de la beste.

S'il arriue que les Arts ayent deux fins égales, il faut que la definition exprime les deux fins Celuy qui dit simplement, que la Grammaire est vn Art qui apprend à bien connoistre les Lettres, choque cette maxime, parce que la Grammaire n'apprend pas plus à connoistre les Lettres qu'à les assembler.

Lors que ce qui peut estre definy renferme plusieurs choses, il faut que la definition contienne les plus considerables : Ce n'est pas assez de dire, que le Prince est vn Magistrat qui est ordonné du Ciel pour recompenser les bons, & pour punir les méchans ; car il est particulierement establys pour conseruer les gens de bien, & pour faire honorer Dieu : Et ce n'est pas assez de dire non plus, que la Morale est vne Science pratique, qui s'occupe enuers les actions humaines ; car si comme Science elle doit donner la connoissance de son objet, c'est à dire, de ce qui est vice, ou vertu, elle doit à plus juste raison, comme Science pratique, découurir les moyens d'éuiter le mal, & de contracter le bien.

On doit se seruir des genres les plus proches : Si bien que selon cette regle, on definit mieux la Iustice par la vertu de la volonté, qui rend à vn chacun ce qui luy est deu, que par l'habitude de la mesme Puissance, qui rend à chacun ce qui luy appartient.

C'est bien mal definir les choses que de confondre les genres auec les differences : La vertu, disent quelques-vns, est vne bonne habitude. Cette definition est vitieuse, car le mot de bon ou de bonne est vne difference, qui diuise le mot d'habitude, qui est le genre de la vertu & du vice, & qui par consequent establit les vertus.

On ne doit pas definir les choses par ce qui les destruit, mais par ce qui les constituë : L'homme, dit-on, est vn animal colerique. Cette definition n'est pas receuable, car plus l'homme est en colere, & moins l'homme est homme.

Si la chose definissable est incapable du plus, ou du moins, la definition doit estre exempte des mesmes inégalitez. Quelques-vns pechent contre cette regle, lors qu'ils disent que l'Ame est l'harmonie des parties du corps, car l'harmonie peut estre plus ou moins concertée; mais l'Ame, dit Aristote, ne peut estre plus, ou moins Ame.

Vne bonne chose ne doit pas estre definie par vne chose indifferente; & c'est pour cette raison qu'on ne doit pas dire que le bien c'est ce qui rend l'homme sain, beau, riche : car la santé, la beauté & l'opulence, ne sont, moralement parlant, ny bonnes, ny mauuaises.

Ce qui est susceptible des contraires ne doit estre definy, ny par l'vn, ny par l'autre, & si on le definit par les contraires dont il est capable, on doit les exprimer : De sorte qu'on definit mal l'eau, lors qu'on dit simplement que c'est vn Element qui peut estre échauffé, on deuroit dire aussi, qui peu estre refroidy.

Du tout.

LE tout en general, c'est ce qui a la valeur des parties, ou de veritables parties.

Le tout qui a la valeur des parties, ce sont comme Dieu, les Anges, les Ames humaines.

Dieu n'a pas des parties, mais il a l'équiualence des parties.

L'Ange est composé d'acte & de puissance, d'entendement & de volonté.

L'Ame raisonnable est composée des mesmes puissances.

Le tout qui a de veritables parties, est essentiel, accidentel, ou integrant.

Le tout essentiel, c'est celuy qui ne peut exister sans l'vnion des parties qui le specifient: L'homme ne peut exister sans l'vnion du corps & de l'Ame.

Le tout accidentel est double, le

premier se prend pour vn composé de substance & d'accidens, comme vne chose blanche qui est consideréc comme composée de matiere & de blancheur : Et en ce sens il est opposé au tout substantiel, qui est consideré comme composé de deux substances.

L'autre se prend pour vn tout dont les parties ne sont pas ordonnées de la nature pour faire vn tout, comme vne ente : Et en ce sens il est opposé au tout naturel, qui est composé de parties qui sont naturellement ordonnées les vnes pour les autres.

Le tout integrant, c'est celuy dont les parties ne font pas l'essence, mais l'accomplissement : Les bras, les iambes, la teste, &c. font l'integrité de l'homme, ils ne font pas sa nature.

Le tout integrant est continu, ou discontinu.

Le tout continu est, ou naturel, ou artificiel.

Le tout naturel, c'est celuy dont
les

les parties font vnies par nature ; & ce tout est de deux sortes ; car il est, ou simulaire, c'est à dire, de mesme nature, comme vne pinte d'eau, qui est composée de goutes d'eau ; ou dissimilaire, c'est à dire, de diuerse nature, comme le corps de l'homme, qui est composé de nerfs, de tendons, d'os, d'arteres, &c.

Ce qui conuient au tout composé de parties semblables, conuient à chaque partie : Il conuient à la Mer d'estre salée, il conuient à chaque goute d'eau de la Mer de l'estre aussi ; & s'il conuient à la Mer d'enuironner la Terre, ce n'est pas vne proprieté de sa nature, c'est vn effet de son abondance.

Le tout artificiel, c'est celuy de qui les parties sont iointes par art, comme vne table, vn buffet.

Le tout discontinu est, ou contigu, ou d'ordre.

Le tout contigu, c'est celuy dont les parties s'entre-touchent seulement, comme les grains de bled meslez, comme l'écorce des arbres iointe aux arbres, comme le sang des veines contenu dans les veines, & comme la moëlle des os renfermée dans les os.

Il faut remarquer en passant, que le toucher est dit Mathematique, lors que les choses ne se touchent que par les superficies ; & qu'il est dit Physique, lors que les choses se touchent par les qualitez.

Le tout d'ordre enfin, c'est celuy dont les parties sont liées par rapport à vne partie principale ; & en ce sens vne Armée est vn tout d'ordre, car toutes ses parties se rapportent au General.

SECONDE PARTIE DE LA LOGIQVE.

De l'énonciation.

L'Assemblement du nom & du verbe est appellé énonciation, parce qu'il est comme le boute-hors, qui épanoüyt ce qu'on a dans l'Ame.

Il est appellé interpretation, parce qu'il est le truchement de nos pensées.

Il est appellé probléme, quand il peut estre soustenu de part & d'autre.

Il est appellé question, lors qu'on le propose auecque doute, comme si l'on disoit, la Vertu est elle aussi excellente que la Science?

Il est appellé conclusion, quand il est precedé de quelques propositions.

Il est appellé axiome, lors qu'il est si clair qu'il porte par tout son évidence.

Il est appellé these, lors qu'il est proposé pour sujet de dispute, & que le sens qu'il contient n'est pas d'abord intelligible.

Il est appellé sentence, lors qu'il n'a point de suite.

Il est appellé sophisme, lors que dans la multitude de ses termes il renferme le fondement d'vne conclusion trompeuse.

Il est appellé proposition, lors qu'il fait vne partie de l'argument.

L'énonciation est vne oraison qui renferme vne affirmation, ou vne negation ; de sorte qu'on fait des oraisons Logiques, lors qu'on dit que la Terre est pesante, que le Soleil n'est pas animé.

On demande icy, si les énonciations peuuent estre plus ou moins vrayes : L'opinion commune est, qu'elles peuuent bien approcher plus ou moins de la verité, mais qu'elles ne peuuent estre plus ou moins vrayes. Celuy qui dit, qu'en l'homme il y a trois yeux, parle aussi faussement que celuy qui dit qu'il y en a trente, mais la premiere proposition approche plus de la verité que la seconde. Vn homme qui est à Orleans, dit vn Moderne, n'est non plus à Paris que celuy qui est à Rome, mais il est plus prés de Paris. Le singe n'est non plus homme qu'vn bœuf, mais il approche plus de la nature humaine.

On demande encores icy, quelle est la plus noble, ou de l'affirmation, ou de la negation : Le sentiment commun des Maistres est, que c'est l'affirmation, mais la premiere raison qu'ils alleguent ne me satisfait pas.

Ils disent, qu'on connoist irreciproquement le non estre par l'estre, l'aueuglement par la veuë, & par consequent que l'affirmation est plus noble que la negation.

Ils adjoustent à cela, que celuy qui sçait ce qu'est vne chose, sçait tousjours ce qu'elle n'est pas, & que celuy qui sçait ce qu'elle n'est pas, ne sçait pas toûjours ce qu'elle est.

L'affirmation n'est pas plus noble que la negation, parce qu'elle la fait connoistre ; car si cela estoit vray le Soleil feroit plus noble que les choses qu'il éclaire, ce qui n'est pas, c'est parce que l'estre est bon en tant qu'il est, que la priuation dans la nature est vne espece de mal, que l'affirmation exprime ce qui est, que la negation exprime ce qui n'est pas, & par consequent que l'expression de la premiere est plus considerable que celle de l'autre.

De la composition des énonciations.

L'ENONCIATION est ordinairement composée de trois parties, elle est composée d'vn sujet, d'vn attribut, & d'vn lien : & ainsi dans la proposition suiuante,

L'homme est animal.

L'homme est le sujet, l'animal est l'attribut, & *Est* est le lien.

Du sujet.

LE mot de sujet est équiuoque, il se prend pour Vassal, pour matiere, pour motif, pour argument, pour sujet de denomination, & pour terme singulier.

Les Paysans sont dits les Sujets du Gentilhomme.

La matiere est dite le sujet de la forme.

La raison pour laquelle on fait quelque chose est dite le sujet de de l'entreprise.

Les faits d'Alexandre sont dits l'argument, ou le sujet de l'histoire de Quintecurse.

La chose qui reçoit quelque attribut est dite le sujet denommé, ou de denomination.

Enfin, selon l'ordre des predicamens, Pierre est le sujet de l'homme.

Le sujet, à parler en Logicien, n'est autre chose que ce qui precede le verbe dans vne proposition.

Cesar est ambitieux.
Ambitieux dans cette proposition est l'attribut, & Cesar, qui est suiuy du verbe, est le sujet.

De l'attribut.

COMME le sujet c'est ce qui reçoit l'attribut, l'attribut c'est ce qui est receu.

Le sujet & l'attribut peuuent estre exprimez par plusieurs paroles.

Tous ceux qui seruent bien Dieu receuront là haut la couronne de gloire.

Tous ceux qui seruent bien Dieu, c'est le sujet.

Receuront là haut la couronne de gloire, c'est l'attribut.

Quoy que le Logicien ne considere ordinairement que le nom & le verbe, il est à propos de donner quelque teinture des parties de l'oraison, afin que ce traitté reueille les esprits de ceux qui ont esté au College, & que ceux qui sont prinez des lumieres de l'Ecolle, connoissent passablement les parties qui composent le discours.

Du nom.

LE nom est pris improprement, ou à la rigueur.

Le nom pris improprement, est vne voix significatiue qu'on decline.

Et le nom pris à la rigueur, est vn terme significatif aussi, qui estant ioint au verbe fait vne proposition parfaite, comme, Dieu est : Ie dis vne proposition parfaite, car pour me seruir des termes d'Empedocles, on peut dire que le nom est comme vne teste coupée, qui estant iointe au verbe, fait le corps entier de l'oraison.

Le nom signifie ce qui est, comme le mot d'homme.

Ce qui peut estre, comme le mot de faisable.

Et ce qui ne sera iamais, comme le mot de chimere.

Le nom ne signifie iamais aucune

difference de temps : le mot d'heure signifie bien vn temps, mais il le signifie indeterminément, car on peut dire, l'heure est passée, l'heure est sonnante, l'heure viendra.

Les parties du nom peuuent bien signifier quelque chose, mais elles ne signifient pas separément ce que le tout signifie : Riche & lieu ne signifient pas separément ce que signifie Richelieu.

Le nom est masculin, feminin, commun, ou neutre.

Le masculin, c'est comme le mot de fer.

Le feminin, c'est comme le mot de verge.

Le commun, c'est celuy qui est masculin & feminin, comme Concierge, car on dit, la Concierge & le Concierge.

Et le neutre, c'est celuy qui n'est ny masculin, ny feminin, comme temple, comme temps ; mais le neutre passe chez les François pour masculin.

Le nom est encores, ou substantif, ou adjectif.

Le nom substantif est vn mot qui signifie deux choses. Il signifie ce qui subsiste, comme arbre, lyon; & ce qui constitue les choses, comme humanité, bestialité.

Le mesme nom substantif est propre, ou appellatif.

Le nom substantif propre, est vn mot qui s'attribuë à vne chose singuliere, comme les mots de Iacques, d'Helene, de Rome, de Roüen.

Le nom substantif appellatif, c'est à dire, vniuersel, est vn mot qui s'attribuë à plusieurs choses semblables, comme le mot d'épée, qui conuient à toutes les espées, comme le mot de vertu, qui conuient à toutes les vertus.

Remarquez que par accident les noms propres peuuent estre appellatifs, puis qu'on peut appeller plusieurs femmes du nom d'Helene, plusieurs hommes du nom de Iacques.

Le nom adjectif, c'est vn mot qui exprime la qualité des choses, comme les mots de iuste & de vaillant.

Le mesme nom adjectif reçoit trois degrez, car il est positif, comme le mot de beau; comparatif, comme le mot de plus beau; & superlatif, comme le mot de tres beau.

Le nom adjectif est quelquefois confondu aueque le nom substantif, & les Grecs tombent quelquefois dans cette confusion ; de sorte qu'à leur imitation, nous disons en de certaines rencontres, l'amer pour l'amertume, le beau pour la beauté.

On confond encore quelquefois le nom adjectif aueque l'aduerbe, car au lieu de dire grammaticalement, il crie fortement, on dit élegamment, il crie fort.

Remarquez qu'en l'énonciation le verbe sert quelquefois de nom, que quand on dit, s'exercer est vne chose saine, le mot de s'exercer, qui est vn verbe, tient lieu de nom, c'est à dire, du mot d'exercice.

Le nom dans nostre langue n'a que quatre cas, il n'a que le nominatif, que le genitif, que le datif, & que le vocatif; que le nominatif,

Seconde Partie.

comme l'homme ; que le genitif, comme de l'homme ; que le datif, comme à l'homme ; & que le vocatif, comme ô homme.

On dit assez de choses sur les trois cas, mais ie me contenteray de vous dire, que le premier marque la nature.

Que le second marque l'origine.

Et que le troisiéme marque les receptions & les appartenances.

Les noms sont finis, ou infinis.

Les noms finis sont comme Iean, Pierre.

Et les noms infinis sont comme non homme, non plante.

Les noms infinis sont bien & mal nommez.

Ils sont bien nommez, car ils ne determinent point ce qu'on doit attribuer au defaut des choses niées.

Et ils sont mal nommez, car les noms doiuent signifier quelque chose, & les noms infinis, qui sont proprement des vagues, ostent quelque chose, & ne posent rien.

Les noms finis deuiennent quelquefois des noms infinis, car sur ce qu'on dit que le cheual hannit, on peut dire, donc ce qui ne hannit point est non cheual.

La sainte Ecriture vse quelques fois de noms infinis, ou pour mieux parler, de noms negatifs : & cette verité se découure en Osée : l'appelleray, dit ce Prophete, non mon Peuple, mon Peuple. Il vouloit dire que les Gentils, qui estoient fort éloignez d'estre le Peuple éleu, deuiendroient le Peuple de Dieu.

Ressouuenez-vous qu'il y a difference entre les termes infinis, & les termes negatifs, que les infinis ne signifient iamais rien, & que les negatifs, ie veux dire icy priuatifs, signifient quelquefois quelque chose ; que le non Pierre, le non bois ne signifient rien, mais que le mot d'aueugle, qui signifie vn non-voyant, signifie vn sujet capable de receuoir la veuë.

Du pronom.

LE pronom, c'est le lieutenant du nom, c'est à dire, qu'il tient sa place; & ainsi quand après auoir parlé d'Alexandre on dit, Il estoit continent, le mot de IL, qui le represente, supplée au defaut du nom qu'on auoit desja prononcé.

Comme les noms representent les choses, & que les choses sont comme infinies, les noms sont comme infinis aussi; mais quoy que les pronons tiennent la place des noms, ils sont neantmoins reduits à petit nombre.

Les pronoms, selon la diuision generale, sont personnels, possessifs, demonstratifs, relatifs, indefinis, ou partitifs.

Les pronoms personnels, sont comme moy, toy, il, nous, vous, ils.

Les pronoms possessifs, sont comme mon, ma, sa, ses.

Les pronoms demonstratifs, sont comme ce heros, cet homme, celuy-cy, celle-là.

Les pronoms relatifs, sont comme lequel, qui, laquelle.

Les pronoms indefinis, sont comme quelqu'vn, quiconque.

Enfin, les pronoms partitifs, sont comme chacun, chaque.

Du verbe.

LE verbe est pris improprement, ou à la rigueur.

Le verbe pris improprement est vn terme significatif, qu'on conjugue.

Et le verbe pris à la rigueur, & en Logicien, est vn terme significatif aussi, qui estant mis auecque le nom, fait vne proposition reguliere, comme ie regne, Dieu est.

Le verbe exprime ordinairement quelque difference de temps, comme i'aime, i'ay couru.

Le verbe signifie pour l'ordinaire vne personne qui agit, qui souffre, comme i'entreprens, ie suis batu. Ie dis pour l'ordinaire, car le verbe substantif, ie suis, ne signifie expressément, ny action, ny passion. Il ne signifie

signifie que l'exiftence des chofes, c'eft à dire, que la fource, la baze des actions, des paffions.

Les veritables expreffions verbales limitent les chofes, & fur tout dans la Logique ; auffi eft-ce pour cette raifon que ces façons de parler, on dit, on fait, n'ont point d'vfage dans cet Art.

Les verbes font fubftantifs, actifs, ou paffifs.

Les verbes fubftantifs fignifient deux chofes, ils fignifient l'eftre de la chofe & le temps, comme le Roy eft.

Les verbes actifs fignifient trois chofes, ils fignifient l'exiftence, l'action & le temps, comme le Roy chaffe.

Les mefmes verbes actifs font, ou tranfitifs, ou intranfitifs.

Les premiers, ce font ceux qui expriment vne action qui paffe de l'agent au patient, comme enfeigner, car l'enfeignement eft receu en l'oreille du Difciple.

Et les autres, ce font ceux qui

S

marquent vne action qui ne passe point les limites de l'agent, comme penser ; car la pensée, qui est vne action de l'entendement, demeure dans les bornes de l'entendement mesme.

Les verbes passifs signifient aussi trois choses, ils signifient l'existence, la passion & le temps, comme ie suis porté.

Les verbes renferment cinq modes, trois temps, trois personnes, & deux nombres.

Le mode icy est vne certaine maniere d'exprimer quelque action.

Le premier mode est appellé infinitif, & l'infinitif n'est autre chose qu'vn mot qui signifie vne action, sans determiner, ny le temps, ny la personne, ny l'objet; & ainsi aimer est vn infinitif, qui sans exprimer, ny le temps qu'on aime, ny la personne qui aime, ny la chose qui est aimée, exprime quelques actions.

Le second mode est appellé indicatif, & l'indicatif ne consiste qu'en vne certaine façon de parler, qui indique la personne, le temps, l'action, ou la passion; & ainsi ie cours est vne façon de parler indicatiue, qui signifie la premiere personne, vne action & le temps dans lequel la course se fait.

L'indicatif a sous soy le temps imparfait, le temps parfait, le temps plus que parfait, & le futur.

Le temps imparfait exprime comme vne action commencée, comme ie réuois lors que Madame arriua; Il alloit ordinairement à la Cour lors qu'il y estoit le bien venu.

Le temps parfait exprime vne action acheuée, comme ie fis dernierement la reuerence à la Reyne.

Le mesme temps s'exprime en deux façons; car on dit, selon l'Aoriste des Grecs, i'embrassay mon ennemy, & on dit, selon l'vsage de plusieurs autres nations, i'ay embrassé mon ennemy.

Le temps plus que parfait exprime vne action passée, au respect mesme d'vn autre temps passé, comme i'auois desja resolu sa perte, lors que ie suis sorty de ma maison.

Le troisiéme mode est appellé imperatif, & l'imperatif est vne façon de parler qui commande quelque action, comme faites vostre deuoir, qu'il m'apporte des nouuelles, &c.

Le quatriéme mode est appellé optatif, & l'optatif n'est autre chose qu'vne façon de parler qui exprime quelque souhait, comme plût au Ciel que la Guerre finist.

Le dernier mode, qui renferme quelques façons de parler de l'optatif, est appellé subjonctif, & le subjonctif, qui est assez difficile à definir, est à mon aduis, vne façon de parler qui exprime le motif de quelque chose, comme aduertissez-là que ie monte en carosse, afin qu'elle m'attende ; dites-luy que ie suis icy, afin que i'aye la consolation de la voir encore vne fois.

Il y a des verbes passifs en Grammaire, disent quelques-vns, aueque du Moulin, qui sont actifs en Philosophie, comme estre aimé, estre écouté ; car estre aimé & estre oüy signifient quelque action vers les objets externes.

Et les mesmes Autheurs disent, que les mesmes verbes sont passifs, lorsqu'ils ont la terminaison actiue, comme aimer, oüyr ; car aimer & oüyr signifient quelque passion de celuy qui aime & qui oit : Mais cette Philosophie est grossiere, car l'amour est le principe de quelque action, ou pour mieux dire, est vne action de l'appetit, & l'audition est vne action de l'oüye.

Le verbe dans la Logique est consideré, & comme le lien du sujet & de l'attribut, & comme le sujet de repugnance de l'vn & de l'autre : Si bien que quand on dit,

Pierre est bon.

Est est le lien qui vnit le bon à Pierre : Et que quand on dit,

Pierre n'est pas bon.

Est est le sujet de la negatiue, qui découure la repugnance du sujet & de l'attribut.

Le verbe peut faire trois fonctions.

Il peut faire l'office de sujet, de lien & d'attribut, comme nous verrons bien-tost.

Ie ne suis pas du sentiment de l'Autheur que ie viens de rapporter, qui dit que le verbe substantif fait discerner le sujet d'aueque l'attribut ; la raison est, que ce qui fait discerner vne chose d'aueque vne autre découure son opposition, & que le verbe qui lie les sujets aueque les attributs, découure leur conuenance : Mais acheuons nostre petite Grammaire.

Les temps dont nous auons parlé, sont le present, le passé & le futur.

Les personnes sont comme ie, tu, il.

La premiere, c'est celle qui parle.

La seconde, c'est celle à laquelle on parle.

Et la derniere, c'est celle dont on parle.

Enfin, le nombre est singulier, ou pluriel ; singulier, comme il fait ; pluriel, comme ils font.

De l'aduerbe.

L'Aduerbe est vn mot indeclinable, qui pour l'estenduë de ses diuerses significations, ne peut estre definy que disjonctiuement ; car pour bien definir l'aduerbe, on doit dire, ce me semble, que c'est vn mot indeclinable, qui specifie le lieu, le temps, la quantité, l'interrogation, l'affirmation, la negation, la demonstration, la maniere d'agir, la façon d'estre, ou la comparaison.

Il specifie le lieu, comme Il estoit dehors, Où estoit-il ? Estoit-ce là ? Il estoit dedans.

Il specifie le temps, comme Alla-t'il là hier ? Quand le fera-t'il ? Aujourd'huy, Demain.

Il specifie la quantité, comme A t'il beaucoup d'amis ? A-t'il peu d'argent ? Est il assez riche ?

Il specifie l'interrogation, comme Pourquoy entreprens-tu vne chose de cette nature ? Quoy, il l'a batu ? A quoy bon de s'embarasser pour de semblables gens? Comment a-t'il pû venir à bout de son dessein? Surquoy estoit-il fondé?

Il specifie l'affirmation, comme Est-il bon Capitaine? Oüy: Le fera-t'il bien? Sans doute: Quoy, il le seruira? Asseurément.

Il specifie la negation, comme Voulez-vous que ie vous donne vne bague? Non: Le fera-t'il? Il ne le fera point: L'a-t'il batu? Nullement.

Il specifie la demonstration, comme Le vois-ie? Oüy, Le voicy, Le voila: Lequel est-ce? C'est cet homme.

Il specifie la maniere d'agir, comme L'a-t'il bien fait? Il l'a fait adroitement: S'est-il comporté en cela comme il faut? Tres-sagement: A-t'il enuisagé la mort de la belle maniere? Oüy, Madame, hardiment.

Il specifie la maniere d'estre, comme Ne disputons point de la nature de l'homme, il est necessairement animal: Ne vantez pas tant nostre sexe, Il est contingemment beau.

Il specifie l'exhortation, comme
Sus

Seconde Partie. 217

Sus, qu'on prenne les armes.

Courage, mes Compagnons, ça, ça, preparons-nous, l'ennemy est aux portes.

Il specifie enfin la comparaison, comme, De mesme que, Tout ainsi que, Comme la vertu, &c.

Du participe.

LE participe est vn mot qui est composé du nom & du verbe, & qui exprime, ou le temps present, ou le temps passé.

Il est composé du nom, & du verbe; car qui dit, par exemple, enseignant, conspirant, qui sont des participes, dit celuy qui enseigne, dit celuy qui conspire.

Il exprime, ou le temps present, ou le temps passé; car de lire, par exemple, vient lisant, qui marque le temps present; & d'estre leu vient leu, qui marque le temps passé.

Le participe terminé en ant, ne change, ny de genre, ny de nombre; car on ne dit, ny les hommes

T

ayans, ny les femmes ayantes.

Quand les participes sont de purs adjectifs, ils s'accordent aueque leurs substantifs, & en ce sens on dit, C'est vn homme obligeant, C'est vne femme obligeante.

Le participe est pris pour actif quand il est mis aprés les personnes du verbe auoir, comme I'ay éleu, Vous auez éleu.

Et il est pris pour passif lors qu'il est mis aprés les personnes du verbe estre, comme Ie suis batu, Vous estes batus.

Le participe passif suit le genre & le nombre des noms substantifs qui le precedent, comme Tu es batu, Vous estes batus, Tu es batuë, Vous estes batuës.

Le participe souffre la declinaison, car on dit quelquefois Le dominant, Le dominant.

Des prepositions.

LEs prepositions sont des particules indeclinables, qui sont mises deuant les autres mots pour marquer quelque circonstance.

Elle marque la situation, comme Il estoit deuant le Prince, Il estoit aux enuirons du chasteau.

Elles marquent le lieu, comme Elle estoit dans son cabinet, Elle estoit hors son élement.

Elles marquent le temps, comme Il accomplira sa promesse auant la huitaine.

Elles marquent l'ordre, comme il alloit aprés le President.

Elles marquent les circonstances, comme Elle eut tant de confiance en sa bonté, qu'elle l'alla trouuer sans armes, sans escorte.

Elles marquent le motif, comme Il l'a fait pour l'amour de Dieu, Il termina l'affaire, afin que vous le consideraffiez, Il a renoncé à ses interests, à cause de vostre aimable personne.

Elles marquent la multitude, la compagnie, comme Il a fait le voyage aueque plusieurs Moines.

Les prepositions sont doubles,

les vnes sont separables, & les autres ne le sont pas.

Les separables sont le hors, le sur, le dans, le en : car on dit, Il estoit hors du Palais, Il le prit sur la table, Il estoit dans le cœur, Il n'estoit pas en France.

Les inseparables sont le com, le re, le dis, &c. car si on separoit ces prepositions de combatre, de reprendre, de discerner, elles ne seroient d'aucun vsage.

Des conjonctions.

Les conjonctions sont des particules qui seruent à lier les paroles, le sens, & à disjoindre le sens mesme.

Elles expriment la cause, la raison, lors qu'on dit, Parce que, dautant que, attendu que, Veu que.

Elles expriment l'ordre, la suite, lors qu'on dit, Puisque; car ce puisque suppose ordinairement quelque chose qui precede.

Elles expriment quelque diminution, lors qu'on dit, Au moins le doit-il regaler.

Elles expriment quelque condition, lors qu'on dit, Pourueu que Monsieur le confesse.

Elles expriment quelque consequence, lors qu'on dit, Donc, partant.

Elles expriment la liaison des choses, lors qu'on dit, Il la fait, & fort bien.

Elles expriment l'incompatibilité des choses, lors qu'on dit, Il n'est, ny blanc, ny noir.

Elles expriment quelque doute, lors qu'on dit, Ou il l'a ioüé, Ou il l'a perdu.

Elles expriment enfin la contradiction du sens, lors qu'on dit, Encores que vous soyez braue, neantmoins la victoire est douteuse.

Il faut remarquer en passant, qu'encores que le ou diuise le sens, il ne laisse pas de lier les paroles, & sur tout, lors qu'il est relatif, c'est à dire, lors qu'il est suiuy d'vn autre Ou, parce que soit, qu'il soit seul, ou qu'il ne le soit pas, il se refere toûjours, & à ce qui precede, & à ce qui suit.

Des interjections.

LEs Latins distinguent les interjections de l'aduerbe ; mais les François, à l'imitation des Grecs, n'en font pas grande difference.

Les interjections sont des particules qui seruent à découurir quelque émotion extraordinaire ; & ces interjections sont comme le Helas ! le ô Dieux, le Ha ! le Hé ! &c.

Les interjections découurent la ioye, comme Alaigrement, Prestement.

Elles découurent la tristesse, comme Helas ! Seigneur, ie n'y pensois pas, Bon Dieu ! quelle cruauté.

Elles découurent l'admiration, comme O ! que cela est beau, Dieux ! quelle estrange aduenture.

Elles découurent l'estonnement, Hé ! quelle raison vous a peu porter à cet assassinat.

Elles découurent la frayeur, comme A l'aide, Au meurtre, Misericorde.

Elles découurent l'horreur, comme Malheur à celuy qui fera de semblables actions.

Elles découurent enfin l'indignation, comme Fy, qu'on ne m'en parle plus.

Des articles.

LEs articles sont des particules qui representent le genre & le nombre; & ainsi on dit le Roy, la Reyne, les Princes, les Princesses.

Les articles sont doubles, les vns sont definis, & les autres ne le sont pas.

Les definis restraignent les vagues à signifier determinément quelque chose; car dans la proposition suiuante Le Philosophe est de cette opinion: Le mot de Philosophe, qui peut estre attribué à tous les veritables sçauans, est restraint icy par l'article *le*, à signifier Aristote.

Les indefinis ne reſtraignent point les vagues à deuenir particuliers, ils les laiſſent dans leur plaine eſtenduë ; car dans la propoſition qui ſuit, La beauté eſt aimable, l'article *la* ne reſtraint point le mot de beauté à ſignifier plutoſt vne beauté humaine qu'vne beauté beſtiale, vne beauté naturelle qu'vne beauté mecanique.

Des eſpeces de l'énonciation.

LEs eſpeces de l'énonciation ſont nombreuſes.

Il y en a d'vniuerſelles, de particulieres, de ſingulieres, de ſimples, de compoſées, de conditionelles, de disjonctiues, de diſſolubles, d'excluſiues, d'imparfaites, d'indefinies, de contraires, de contradictoires, de tacites, d'abſoluës, & de modifiées.

Les propoſitions vniuerſelles, ce ſont celles où le genre, la difference, ou le propre, ſeruent d'attribut, comme L'homme eſt animal, L'homme eſt raiſonnable, L'homme eſt riſible.

Les propositions particulieres, ce sont celles dont le sujet est indeterminé, & dont l'attribut est accidentel, ou essentiel; mais lors que l'attribut est essentiel, elles valent des propositions vniuerselles. Quelque homme est animal : Cette proposition est vniuerselle, car elle est équiualente à Tout homme est animal.

Les propositions singulieres, ce sont celles dont le sujet est determiné, & dont l'attribut est tantost accidentel, & tantost essentiel; mais lors qu'il est essentiel, il est d'elles comme des particulieres, elles sont vniuerselles, comme Pierre est homme : car Pierre icy represente tous les indiuidus de la nature humaine.

Les propositions simples, ce sont celles qui asseurent, ou qui nient quelque chose, sans Ou, sans Et, sans Si, & sans modification, comme L'homme est animal, la Terre n'est pas carrée. Ces énonciations sont dites d'eternelle verité, lors que le sujet suppose l'attribut, c'est à dire, lors qu'ils sont inseparables : Si bien que cet vniuersel complet, comme parle l'Ecolle,

Tout homme est animal raisonnable,

Est tellement vray, qu'il sera eternellement vray de dire, que l'homme a du sentiment & de la raison.

Les propositions composées, ce sont celles qui renferment deux propositions, comme Pierre est Philosophe & Musicien, Iacques est prudent & deuot. Ces propositions sont dites composées, parce que c'est comme si l'on disoit, Pierre est Philosophe, Pierre est Musicien, Iacques est prudent, Iacques est deuot.

Les propositions hypotetiques, ou conditionelles, qui sont comprises sous les composées, ce sont celles où la particule Si se rencontre, comme Si Pierre estudie, il deuiendra sçauant ; Si le chien écume, il est enragé.

Les propositions disjonctiues, qui sont comprises aussi sous les composées, ce sont celles où le Ou se treuue, comme Ou l'ambition est vne vertu, ou elle est vn vice, Ou les couleurs sont moyennes, ou elles sont contraires.

Les propositions dissolubles, ce sont celles qui se contredisent d'elles-mesmes, comme Ie iure que ie ne iurray point, Ie fais profession de ne faire aucune profession.

Les propositions exclusiues, ce sont celles qui sous-entendent des exceptions, comme le Ciel couure toutes choses : Cette proposition est vraye, mais elle excepte le Ciel, car le Ciel ne se couure pas. Dieu a creé toutes choses : Cette proposition ne reçoit point de doute, au moins parmy les Chrestiens, mais elle excepte Dieu, car Dieu ne s'est pas creé.

Les propositions imparfaites, ce sont celles qui laissent l'esprit en suspens, comme A la mienne volonté que le Roy fût par tout obey.

Les propositions indefinies, ce sont celles dont le sujet semble estre vniuersel : mais quand l'attribut est contingent, elles ne font que particulieres, comme L'homme eſt luxurieux.

Les propoſitions contraires, ce font celles qui en matiere contingente font immediatement oppoſées, comme Tout homme eſt ſçauant, Nul homme n'eſt ſçauant.

Les propoſitions contradictoires, ce font celles qui en quelque matiere que ce ſoit ſont irreconciliablement oppoſées, comme Tout vice eſt habitude, Quelque vice n'eſt pas habitude.

Les propoſitions tacites, ce font celles qui renferment, ou dans vn non, ou dans vn oüy, le ſujet, l'attribut, & le lien ; & ainſi quand ſur la demande qu'on fait à quelqu'vn, s'il eſt méchant, il répond que non, c'eſt comme s'il diſoit, Ie ne ſuis pas méchant.

Les propoſitions abſoluës, ce font celles qui ne renferment aucune condition, comme La vaillance eſt loüable.

Les propoſitions modifiées, ce

sont celles où se treuuent les mots de necessaire, de contingent, ou d'impossible.

Les choses sont dites estre necessaires, ou necessairement, lors qu'elles sont de telle sorte qu'elles ne peuuent estre autrement, comme L'homme est necessairement animal, L'animé est necessairement viuant.

Les choses sont dites estre contingentes, lors qu'elles arriuent de telle sorte qu'elles peuuent arriuer autrement, comme Il est contingent que le cheual soit blanc, Il est contingent que l'homme soit beau.

Quelques-vns font difference entre le possible & le contingent ; Ils disent, que le possible c'est ce qui n'est pas, & qui peut estre, & que le contingent c'est ce qui est, & qui pouuoit n'estre pas ; mais le contingent & le possible sont souuent confondus.

Enfin, les choses qui ne peuuent estre, sont dites impossibles, comme Il est impossible que le cheual soit vne buſe, Il eſt impoſſible que Dieu abandonne les ſiens.

De la propoſition conſiderée en elle-meſme.

ON conſidere ſept choſes dans la propoſition priſe à part.

La premiere, c'eſt la matiere.

La ſeconde, c'eſt la forme.

La troiſiéme, c'eſt la quantité.

La quatriéme, c'eſt la qualité de la matiere.

La cinquiéme, c'eſt la qualité de la forme.

La ſixiéme, c'eſt le temps.

Et la derniere, c'eſt le ſens.

La matiere d'vne propoſition, c'eſt le ſujet & l'attribut.

La forme, c'eſt le verbe qui lie le ſujet aueque l'attribut.

La quantité, c'eſt l'eſtenduë, ou le racourciſſement du ſujet; & cette eſtenduë & cette reſtriction ſe remarquent en ces mots de Tout, de Nul, de Quelque, de Pierre, ou de Iacques, &c. Et ainſi la propoſition est tres-estenduë quand on dit, Tout homme est animal, & elle est tres-restrainte quand on dit, Pierre est fourbe.

La qualité de la matiere, c'est la verité ou la fausseté; & ainsi des deux propositions suiuantes, l'vne est vraye, & l'autre est fausse.

Le Monde est rond.

L'innocence est punissable.

La qualité de la forme, c'est l'affirmation, ou la negation.

Le temps regarde le passé, le present, & le futur.

Le sens est double, l'vn est composé, & l'autre est diuisé.

Le sens composé, c'est lors que le sujet de la proposition demeure en mesme estat.

Et le sens diuisé, c'est lors que le sujet de la proposition se change.

Le iuste sera sauué.

Cette proposition est vraye dans le sens composé, c'est à dire, en-tant que iuste; mais s'il passe du bien au mal, elle sera fausse dans le sens diuisé.

On peut faire trois propositions au regard de la matiere, l'vne necessaire, l'autre contingente, & l'autre impossible.

L'vne necessaire, comme Toute Vertu morale est bonne.

L'autre contingente, comme Si Iacques fait des actions de braue, il paruiendra à quelque dignité militaire.

L'autre impossible, comme Le lyon est homme.

On peut faire trois propositions au regard de la forme; car, comme j'ay desja dit, le verbe peut faire trois fonctions, comme

J'aime.
Pierre aime.
Pierre est animal.

Dans la premiere proposition il fait la fonction du sujet, de l'attribut & du lien, car c'est comme si ie disois, Moy est amant.

Dans la seconde proposition, il fait la fonction de l'attribut & du lien, car c'est comme si l'on disoit, Pierre est amant.

Et

Et dans la derniere proposition, il fait la fonction du lien, qui est sa propre fonction, car il vnit l'animal à Pierre.

On peut faire deux propositions au regard de la quantité, l'vne vniuerselle, & l'autre particuliere.

L'vne vniuerselle, comme Tout cheual hannit.

Et l'autre particuliere, comme Quelque homme est sçauant.

On peut faire deux propositions au regard de la qualité de la matiere, l'vne vraye, & l'autre fausse.

L'vne vraye, comme La neige est blanche.

Et l'autre fausse, comme La terre est douce.

On peut faire deux propositions au regard de la qualité de la forme, l'vne affirmatiue, & l'autre negatiue.

L'vne affirmatiue, comme L'homme est menteur.

Et l'autre negatiue, comme Pierre n'est pas Musicien.

On peut faire vne proposition

dans les trois temps, comme Le iuste sera sauué, Le iuste est aimé de Dieu, Le iuste a toûjours esté agreable à Dieu.

Enfin, la proposition est vraye en vn sens, & elle est fausse en vn autre.

De la proposition consideree au regard d'vne autre.

ON doit considerer icy deux choses, l'opposition & la conuersion.

De l'opposition.

LEs propositions sont opposées en trois façons, car ou elles different en quantité seulement; & alors elles sont appellées subalternes, comme Tout homme est animal, Quelque homme est animal.

Ou elles different en qualité de matiere & de forme, & alors elles sont appellées contraires, comme Tout homme est blanc, Nul homme n'est blanc.

Ou elles different en qualité de matiere, en qualité de forme, & en quantité ; & alors elles font appellées contradictoires, comme Tout homme eſt animal, Quelque homme n'eſt pas animal.

De la conuerſion.

LA propoſition reçoit vne conuerſion, ou vn renuerſement, lors que le ſujet prend la place de l'attribut.

Il y a trois ſortes de conuerſions.

La premiere eſt dite, conuerſion ſimple.

La ſeconde eſt dite, conuerſion par accident.

Et l'autre eſt dite, conuerſion par contre-oppoſition.

La conuerſion ſimple, ou entiere, c'eſt lors que le ſujet prend la place de l'attribut, & qu'on garde la meſme quantité, comme

Tout cheual hannit.

Tout ce qui hannit eſt cheual.

La conuerſion par accident, ou

imparfaite, c'est lors que le sujet prend la place de l'attribut, & qu'on change la quantité, comme Toute Vertu morale est habitude, Quelque habitude est Vertu morale.

La conuersion par contre-opposition, c'est lors que la quantité demeure, & que les termes finis deuiennent negatiuement infinis, comme

Toute prudence est vertu.
Donc toute non-vertu est non-prudence ; mais cette conuersion n'a point d'vsage parmy nous.

On peut conuertir les propositions vniuerselles affirmatiues, quand l'attribut n'a pas plus d'estenduë que le sujet : On ne peut pas dire, que si tout homme est animal, tout animal soit homme ; car la nature animale a plus d'estenduë que la nature humaine : Mais si on peut dire, que tout homme est risible, on peut dire aussi que tout risible est homme ; car risible n'a pas plus d'estenduë que la nature de l'homme.

Les propositions vniuerselles affirmatiues peuuent estre conuerties en des propositions vniuerselles negatiues; mais il faut que les negatiues équiualent les affirmatiues : On peut dire, par exemple, que tout homme est viuant, & que tout ce qui n'est pas viuant n'est pas homme; mais c'est à cause que la derniere proposition veut dire que tout homme est viuant.

Les propositions singulieres affirmatiues peuuent estre conuerties en des propositions particulieres affirmatiues; car si l'on peut dire, que Veillon est boiteux, on peut dire, que quelque boiteux est Veillon.

Quand les attributs ne peuuent conuenir qu'à de certains sujets, les propositions particulieres negatiues ne peuuent estre conuerties en leurs semblables : Si l'on peut dire, que quelque homme n'est pas Capitaine, on ne peut pas dire, que quelque Capitaine n'est pas homme; mais quand les sujets & les attributs sont contingens, les propositions particulieres negatiues peuuent estre conuerties en leurs semblables: Si bien que si l'on peut dire, que quelque Soldat n'est pas Sçauant, on peut dire, que quelque Sçauant n'est pas Soldat.

En matiere contingente, les propositions contraires sont ordinairement fausses, comme Tout homme est iuste, Nul homme n'est iuste: car l'attribut est en quelques-vns, & il n'est pas en quelques autres.

En matiere necessaire les propositions contraires sont contradictoires, c'est à dire, que l'vne est toûjours vraye, comme Tout homme est animal, Nul homme n'est animal : Car vne chose qui ne peut estre sans vne autre, ne peut conseruer son existence, & perdre ce qui la fait estre en partie.

En matiere necessaire l'vne des propositions sous-contraire est toûjours fausse, comme Tout homme est animal, Quelque homme n'est pas animal : Car si tout homme est animal, il est impossible qu'il y ait vn homme qui ne le ſoit pas.

En matiere contingente les propoſitions ſous-contraires peuuent eſtre toutes deux vrayes, comme Quelque homme eſt ſçauant, Quelque homme n'eſt pas ſçauant : Car ce qui n'eſt pas eſſentiel à quelque choſe, peut eſtre aux vns, & n'eſtre pas aux autres; mais en quelque matiere que ce ſoit l'vne des propoſitions contradictoires eſt toûjours fauſſe, comme Tout homme eſt corporel, Quelque homme n'eſt pas corporel, Tout homme eſt blanc, Quelque homme n'eſt pas blanc : Car le tout ne reçoit point de reſtriction.

DERNIERE PARTIE DE LA LOGIQVE.

Des noms du discours.

ON l'appelle raisonnement, parce qu'il découure la cause de quelque chose.

On l'appelle illation, parce qu'il infere vne chose d'vne autre.

On l'appelle consequence, parce qu'il fait voir l'estroite suite qui se treuue entre les principes, & les choses qui en resultent.

S'il a trois parties, on appelle la premiere majeure, on appelle la seconde mineure, ou assumption, & on appelle la derniere consequence, ou conclusion.

Ce qu'on tire d'vne chose est appellé consequent, la chose dont on la tire

tire est appellée antecedent ; & la manière de tirer vne chose d'vne autre est appellée consequence, & cette consequence est marquée par la particule donc.

Il arriue quelquefois que le consequent est veritable, & que la consequence est fausse.

La vertu est vne habitude, donc elle est loüable.

La vertu est loüable, il est vray, mais ce n'est pas parce qu'elle est vne habitude, car le vice est vne habitude aussi : Si bien que le consequent de cet argument, qui est l'habitude, est veritable, & que la consequence est mal tirée.

Il arriue quelquefois que le consequent est faux, & que la consequence est veritable.

La pierre est vn animal, donc elle a du sentiment.

Comme la pierre n'a point de sentiment, le consequent de cet argument, qui est animal est faux, mais la consequence est bien tirée; car si la pierre estoit du nombre des animaux, elle auroit du sentiment.

De la diuision du discours.

ON diuise le discours en celuy qui est bon, & en celuy qui est vicieux, car quoy que les propositions d'vn discours soient vrayes ou fausses, on ne donne point le nom de vray, ou de faux au raisonnement, la raison est, que toutes les propositions peuuent estre vrayes, sans qu'on puisse dire que le discours soit bon.

Tous les hommes sont substance, donc toutes les pierres sont substance.

Ces propositions sont vrayes, mais la deduction n'en est pas bonne; car quelle apparence y a-t'il d'inferer que les pierres soient des substances de ce que les hommes subsistent.

La bonté d'vn discours consiste en l'integrité de son estre, & l'estre du raisonnement consiste en la liaison necessaire de l'antecedent auec

que la conclusion, si bien que là
où cette liaison manque la bonté
defaut.

On diuise encores le discours en
formel & en materiel.

Le discours formel, c'est celuy
dans lequel se treuue vne si grande
liaison entre l'antecedent & la consequence, qu'il est impossible d'en
faire vn semblable qui ne soit concluant.

Tout homme raisonne.
Pierre est homme.
Donc Pierre raisonne.

Il ne peut y auoir vne plus estroite liaison entre l'antecedent & la
consequence que celle qui se rencontre en cet argument, & toutes
les fois qu'on prendra ce syllogisme
pour modele, on fera des syllogismes
inuincibles.

Le discours materiel, c'est celuy
dont les propositions sont rangées
de telle sorte, qu'encores qu'elles
soient veritables, elles ne produisent pas toûjours vne bonne conclusion.

Tous les François sont des hommes.

Tous les Parisiens sont des hommes.

Donc tous les Parisiens sont François.

Quoy que toutes ces propositions soient veritables, la conclusion n'est pas necessaire, car on peut faire de semblables argumens, & faire de mauuais discours.

Tous les François sont des hommes.

Tous les Espagnols sont des hommes.

Donc tous les Espagnols sont François.

Voila vn plaisant argument, comme si pour conuenir en nature, on conuenoit en nation.

Si Dieu discourt.

IL y a deux sortes de discours, l'vn est appellé virtuel, & l'autre est appellé formel.

Le premier consiste à connoistre

toutes choses par vn simple acte.

Et l'autre consiste à connoistre plusieurs choses par plusieurs regards.

Dieu ne discourt pas de la derniere façon, parce que c'est vne imperfection de connoistre les choses par rapport à quelques autres.

Le discours ordinaire suppose plusieurs actes, & lors qu'vn acte a besoin d'vn autre acte, c'est vne preuue éuidente qu'il n'a pas vne entiere perfection : Mais Dieu est la perfection mesme, il connoist tout, parce qu'il se connoist ; & l'acte, par exemple, par lequel Dieu connoist le Soleil, est celuy par lequel il connoist les Cieux, les Elemens, les pierres, les plantes, les animaux, les Anges ; en vn mot, ce qui a esté, ce qui est, ce qui sera, & ce qui ne sera iamais.

Si les Anges discourent.

LEs Anges ont naturellement les images de plusieurs choses, mais comme plusieurs choses ne sont pas toutes choses, il y en a qui tiennent qu'ils peuuent se seruir de leurs especes concreées pour former de nouuelles conclusions.

Quelques autres alleguent, que le discours suppose quelque progrez, que les actions Angeliques sont instantanées, & par consequent qu'ils connoissent par vn seul acte, les antecedens & les consequens. Porphyre ne fonde pas sur la raison la difference de l'Ange d'auecque l'homme, il ne la fonde que sur l'immortalité; & ceux qui rapportent le sentiment de ce grand homme, disent que les principes de connoissance renferment des conclusions innombrables, & qu'il n'est pas croyable que les Anges connoissent tant de choses d'vn seul enuisagement: Mais quelque opinion qu'on ait des principes dont ie parle, ils sont bornez; & si i'auois à faire voir icy le raisonnement des Anges, ce ne seroit pas sur leur fondement que ie bastirois mes preuues.

Comme la decision de la difficulté requiert vn grand discours, ie remets à ma Metaphysique, à examiner le sentiment des Maistres, & à prendre party.

Si les plantes discourent.

QVoy que la vigne & le chou, la fougere & la canne, le noyer & le chesne languissent les vns auprés des autres: Quoy qu'vn figuier iette sa racine du costé où il y a de l'eau, qu'vn palmier se panche du costé d'vn autre palmier, que la vigne se plaise aueque l'ormeau, & qu'enfin les plantes se conseruent, ou se sechent, selon qu'on les approche ou qu'on les éloigne de ce qu'ils aiment, ou de ce qu'ils hayssent, toutes ces choses ne preuuent pas que les plantes soient raisonnables, que les vegetaux soient connoissans, elles preuuent seulement qu'ils ont vne sympatie, vne aduersion, & que ces rapports, & ces discordances leur tiennent lieu d'imagination & d'appetit.

Si les bestes raisonnent.

IL y a du rapport entre la pluspart des actions qui naissent dans l'ame des bestes, & celles qui se forment dans l'ame des hommes ; ce que ie diray preuuera ce que ie dis.

La connoissance pratique suppose quatre notions, elle suppose la connoissance de la bonté, & de la disconuenance, & la connoissance de la possibilité, & de l'impossibilité.

La connoissance pratique de la bonté, ou de la disconuenance, est vn iugement, car le iugement consiste à attribuer vne chose à vne autre, ou à nier quelque chose de quelque autre chose, & il faut pour poursuiure, ou pour fuyr, que l'imagination dicte à l'appetit que l'objet qui se presente est bon ou mauuais.

La connoissance pratique de la possibilité, ou de l'impossibilité, est aussi vn iugement ; car il faut mesurer les moyens aueque les circonstances de la chose qui n'est pas encore obtenuë, ou qui n'est pas encore éuitée ; & iuger de cette conference, si l'on peut obtenir le bien dont on est émeu, ou éuiter le mal dont est menacé.

On ne peut nier raisonnablement que les bestes n'ayent le iugement pratique. Les oiseaux qui prennent l'essor, ne fondent iamais sur la proye quand elle est trop éloignée : Les chats qui sont poursuiuis par des chiens, iouënt de la pate quand ils iugent que la resistance arrestera la persecution, & ils quittent leur poste, lors qu'ils s'imaginent que l'opposition aigrira le mal. On peut adjouster à ces exemples, qu'auant qu'vn chien se hazarde de sauter d'vn placet sur vne table, il balance quelquefois, & que quand il s'en est falu tres-peu qu'il n'ait franchy le sault, il proportionne son dernier élancement à la iuste distance du lieu où il veut se rendre.

Les bestes peuuent faire des chimeres, car comme elles remuent les especes de la memoire, elles peuuent faire des assemblemens bizares; qu'elles remuent les especes de la memoire, il n'y a rien de plus constant, elles se rcueillent en sursaut, elles grondent, elles se plaignent, elles paroissent inquietées.

Elles ont des connoissances vniuerselles, & des distinctions Logiques: L'image, par exemple, que la brebis a du loup, n'est ny l'image de ce loup-cy, ny celle de celuy-là; & certes cette indetermination est vn trait de la Prouidence diuine; car si elle estoit affectée de quelque difference indiuiduelle, lors que la brebis ne découuriroit pas cette difference, elle pourroit prendre son ennemy pour quelque autre beste: Mais quoy que les loups soient differens en âge, en grandeur, en poil, en grosseur, & en quelques autres accidens, elle les fuit tous, parce qu'il y a en tous les loups quelque chose de semblable, & que l'Auteur de la nature a grané en sa memoire l'image de cette ressemblance; & ce qui est admirable en cecy, c'est que le ie ne sçay quoy qui est en tous les loups, est comme confondu aueque leurs differences indiuiduelles, & qu'il faut discerner par consequent les accidens inseparables d'aueque ceux qui ne le sont pas.

Elles ont de la memoire, car elles se souuiennent des preceptes qu'elles reçoiuent, des noms qu'on leur donne, & des lieux qu'elles quittent.

Elles ont de la reminiscence, car elles connoissent vne chose par vne autre; & pour preuue de ce que ie dis, qu'on ait brûlé vn chien aueque vn tison rouge, & qu'on luy montre quelque temps aprés quelque chose qui approche de ce tison, il ne manquera pas de prendre la fuite.

Elles vsent de comparaison, car lors que deux chemins s'offrent pour gagner le deuant sur le gibier, elles prennent le plus court, & lors que deux os charnus se presentent pour rassasier leur faim, elles se iettent sur le plus gros.

Elles conçoiuent le paſſé & l'aduenir, car elles craignent le meſme mal qu'elles ont ſouffert, & elles eſperent le meſme bien qu'elles ont receu; & il eſt ſi vray qu'elles ſont agitées de ces deux paſſions, que par la crainte elles deuiennent retenuës, & que par l'eſperance elles deuiennent flateuſes.

Elles conçoiuent la priuation du mal, car l'éléphant dont parle l'Hiſtoire, ne repetoit ſa leçon au clair de la Lune que pour n'eſtre plus batu.

Elles tirent des conſequences, car qu'vn chien arriue dans vn carrefour, qu'il iuge que ſon maiſtre n'ait pû paſſer que par vn des trois chemins qu'il découure, & qu'il en ait ſenty deux, il ſe iette incontinent dans l'autre.

Le renard que rapporte Plutarque confirme la propoſition que i'ay miſe en auant, car aprés auoir preſté l'oreille au murmure de l'eau qui couloit ſous vne glace, il ne ſe hazarda pas d'y paſſer; & cette retenuë, dit l'Auteur que ie cite, ne peut estre que l'effet de la gradation suiuante.

Ce qui fait du bruit coule.
Ce qui coule n'est pas gelé.
Ce qui n'est pas gelé est liquide.
Ce qui est liquide obeyt à la pesanteur.
Donc il ne faut pas hazarder le passage.

On peut dire, qu'en ce rencontre le renard raisonnoit plus finement; & voicy à peu prés, ce me semble, la suite de ses argumens.

Vne chose au trauers de laquelle on entend clairement le bruit de l'eau, n'est pas époisse.
On entend clairement au trauers de cette glace le bruit de l'eau.
Donc cette glace n'est pas époisse.
Ce qui n'est pas épois peut estre facilement enfoncé.
Cette glace n'est pas époisse.
Donc cette glace peut estre facilement enfoncée.
Ce qui peut estre facilement enfoncé est perilleux.

Cette glace peut estre facilement enfoncée.

Donc cette glace est perilleuse.

Ce qui est perilleux ne doit point seruir de passage.

Cette glace est perilleuse.

Donc elle ne doit point seruir de passage.

Les bestes font des assemblemens, elles comptent; car les bœufs de Suse, qui portoient cent baquets d'eau tous les iours, ne passoient iamais ce nombre.

Les bestes vsent de leurs images selon que les occasions le requierent : Car si les bestes, comme a fort bien remarqué Monsieur de la Chambre, suiuoient necessairement l'ordre de leurs especes, il s'ensuiuroit que les hirondelles bastiroient toûjours leurs nids auant que de faire leurs œufs, & cependant elles se seruent quelquefois du nid des autres. Adjoustons à cela, aueque le mesme Auteur, que les mouches à miel ont diuerses fonctions, & que si elles estoient necessitées à se servir plutost d'vne image que d'vne autre, il arriueroit que dans la multitude des mouches, celles qui n'auroient point encores trauaillé pourroient faire ce que les autres auroient desja fait ; & qu'au lieu de faire des actions necessaires, elles pourroient faire des actions inutiles ; mais dans le temps que les vnes font vne chose, les autres en font vne autre, & s'il arriue qu'elles fassent en mesme temps vn mesme exercice, ce n'est pas par la raison de l'ordre, c'est par la necessité de la besogne.

Les mesmes volatils qui sçauent que les nids sont necessaires aux petits, sçauent aussi qu'ils sont commodes aux peres ; & s'il y a des volatils qui tombent morts de froid, c'est que la rigueur de la saison les surprend dans la recherche de leur nourriture : Mais supposons que les bestes ne sçauent pas toutes les vtilitez de leurs ouurages, il ne s'ensuit pas, comme on a fort bien reparty, qu'elles manquent de raison, puis qu'on ne peut sçauoir toutes choses, & qu'encores qu'vn Architecte ne sçache pas tous les vsages de ses instrumens, il ne laisse pas d'auoir de l'industrie.

Si les bestes raisonnent, disent nos Aduersaires, elles deliberent; si elles deliberent, elles sont libres; & si elles sont libres, elles sont capables du souuerain bien.

On peut raisonner sans deliberer, car comme la raison & la chose qui est à prouuer peuuent estre également éuidentes, on peut d'abord, & sans recherche, trouuer le moyen dont on a besoin.

On peut deliberer aussi sans estre libre, au moins actuellement ; car la liberté renferme le choix, & le choix suppose plusieurs moyens : mais la deliberation qui peut estre d'vn seul moyen, peut estre suiuie d'vn seul consentement.

On peut estre libre enfin, & estre exclus du souuerain bien : Il y a deux sortes de liberté, il y en a vne par laquelle on peut faire vne chose, ou son contraire ; & il y en a vne autre, par laquelle on peut faire vne action, ou ne la faire pas. Vne beste peut mordre, ou caresser ; Vne beste peut aller en vn lieu, ou demeurer en celuy où elle est ; Vne beste en vn mot, peut preferer l'exemption des coups dont elle est menacée, à la manducation de quelque morceau qui la sollicite. Mais quoy que toutes ces libertez puissent se rencontrer aux bestes, qu'elles supposent la deliberation, le raisonnement, il ne s'ensuit pas qu'elles soient capables de la beatitude : Le bon-heur surnaturel est vn bien tres-vaste, & l'entendement des bestes est fort borné ; La felicité est vn bien purement spirituel, & l'entendement des bestes est vne faculté comme corporelle ; Le bien purement spirituel est incorruptible ; & les facultez comme corporelles sont perissables ; La possession du Ciel est la couronne des actions qui n'ont eu pour fin que le Ciel mesme, & les actions des bestes, quelques belles qu'elles puissent estre, n'ont jamais pour fin que des fins charnelles.

Quelques autres disent, que si les bestes faisoient par raison leurs nids, leurs ruches, leurs toilles, leur raison seroit plus considerable que celle des hommes, parce que la raison des bestes est certaine, & que la raison des hommes est fautiue, & par consequent que Dieu auroit manqué en la fabrique de son plus bel ouurage. Il suffit de répondre à cela, que chaque espece de beste ne peut faire que d'vne sorte d'ouurage, & que les hommes peuuent faire toutes sortes de besognes; qu'il n'est pas difficile de reüssir en vn seul trauail, & qu'il est mal-aisé de reüssir en toutes sortes de desseins; qu'il est plus aduantageux d'auoir vne raison vniuerselle qui puisse estre infaillible que d'auoir vne raison particuliere qui soit asseurée; que la raison humaine peut atteindre à l'infaillibilité de la raison bestiale, & que la raison bestiale ne peut atteindre à l'estenduë de la raison humaine.

Quelques autres disent, que les bestes agissent par instinct, & par consequent qu'elles sont irraisonnables : La proposition est trop vaste, & la conclusion n'est pas assez iuste. Il y a dans les enfans vne faculté qui est distincte de l'instinct, c'est à dire de cette impression secrete qui les porte à taiter, & à faire plusieurs autres choses qu'ils n'ont pas apprises. Il y a aussi dans les bestes vne puissance qui est differente de la lumiere auecque laquelle elles sont creées ; & comme par la faculté qui est distincte de l'instinct, les enfans apprennent à chanter, à ioüer du luth, & à former cent autres habitudes, par la mesme faculté aussi les bestes apprennent à danser, à batre du tambour, & à contracter cent autres gentillesses.

Que si l'on m'objecte que c'est par instinct que les bestes sont disciplinables, ie ne me mettray gueres en peine de cette objection ; car outre que les mouches ne sçauroient faire des nids, que les alcions ne sçauroient faire des toiles, que l'inſtinct eſt vne lumiere preſente & determinée, qui ne s'eſtend qu'à de certaines actions neceſſaires, & que cette lumiere n'a eſté donnée que pour ſuppléer au defaut de certaines connoiſſances que la pluſpart des animaux ne peuuent acquerir; on peut dire, que ce qui eſt capable de diſcipline eſt capable d'habitude, que ce qui eſt capable d'habitude eſt capable de progrez, que ce qui eſt capable de progrez eſt capable de correction, que ce qui eſt capable de correction eſt capable de iugement, & que ce qui eſt capable de iugement eſt capable de raiſon.

Quelques autres objectent, que ſi les beſtes eſtoient raiſonnables, les vnes inſtruiroient les autres; mais ſans conſiderer que les poules aprennent en quelque façon à leurs pouſſins à manger & à ſe defendre, que les perdrix montrent à leur nichée à ſe cacher ſous des motes, que les cigognes enſeignent aux ieunes à voler, & que les vieux roſſignols excitent le ramage des petits, on peut répartir que l'instruction des bestes est comme inutile, que chaque espece de beste a son entendement particulier, que les ouurages vniformes qui sont affectez aux indiuidus de telle, ou telle espece, sont vne preuue inuincible de ce que i'aduance, & que les bestes naissantes qui sont ostées de dessous leurs peres font progressiuement les mesmes actions.

Quelques autres disent, que les vertus de l'instinct ne sont pas naturelles, que Dieu n'a releué la raison bestiale que pour deshonorer la raison humaine, qu'auant la creation des hommes l'entendement des bestes estoit confus, & qu'aprés le peché d'Adam le mesme entendement est deuenu clair-voyant; Mais il n'y a point d'authorité qui m'apprenne que Dieu ait comme metamorphosé les bestes, que d'vne raison ébauchée il en ait fait vne raison parfaite, & que pour la confusion des hommes il ait retouhé à ses ouurages

Quelques autres, qui sont vn peu trop Galinistes, attribuent au temperament les vertus de l'instinct; Ils disent que la moderation du froid & du sec fait les iudicieux, que celle de la chaleur & de l'humidité fait les inuentifs, que l'excez de la chaleur & du sec fait les extrauagans, & que celuy de la chaleur, & de l'humidité fait les stupides, que les abeilles sont plus sages que les frelons, parce que leur temperament est plus froid & plus sec, & que les sangliers sont moins imaginatifs que les cheuaux, parce que leur temperament est plus chaud, & plus humide. Il est difficile de connoistre le degré des qualitez dominantes, c'est vne science qui n'est pas vulgaire; mais quoy que sans m'amuser à disputer si les bestes que i'ay rapportées sont de tel, ou tel temperament, ie confesse que les esprits feruent aux fonctions de l'ame, & qu'ils tiennent quelque chose du temperament, ie n'auouë pourtant rien qui puisse fauoriser le party que ie combats, puisque les esprits sont des instrumens, & que comme les instrumens sont soûmis aux causes principales, il faut qu'il y ait aux bestes, aussi bien qu'aux hommes, vne maistresse Puissance qui soit quelque autre chose que les choses dont elle se sert, & qui selon les degrez de son estenduë, fasse des actions qui soient plus ou moins considerables.

Quelques autres disent, que si les bestes raisonnoient, la raison ne seroit pas la difference essentielle de l'homme. Cette objection semble forte, mais elle ne l'est pas; il faut considerer, comme i'ay desja dit, que la raison en general n'est pas la difference de l'homme d'aueque la beste, mais l'estenduë de la raison; que les notables differences establissent les especes, & qu'il y en a vne si grande entre la raison des bestes, & celle des hommes, que la raison des bestes ne passe de gueres la portée de leurs sens, & que la raison des hommes les éleue iusques au premier Principe,

Quelques autres enfin disent, que comme les Mores ne doiuent pas estre dits blancs de ce qu'ils ont les dents blanches, les bestes ne doiuent pas estre dites raisonnables de ce qu'elles découurent quelques actions iudicieuses ; qu'encore qu'Aristote dans sa Physique propose les fourmis & les araignées, & qu'en l'exhortation aux Arts liberaux Galien donne aux bestes quelques rayons, il n'appartient pourtant qu'à l'homme de porter la qualité de raisonnable, puis qu'il n'appartient qu'à luy de separer les accidens des substances, de discerner les substances les vnes des autres, de faire des propositions necessaires, & de tirer par consequent des conclusions vniuerselles. Ie n'ay rien à répondre à cela, si ce n'est que la raison est répanduë dans la pluspart des actions bestiales, que l'Histoire des animaux est remplie d'vn nombre innombrable de ruses, & que c'est auoir vne fausse idée de la raison que de combatre la raison des bestes.

Si nos

Si nos Aduersaires examinoient sans passion les rapports de l'Histoire, ils ne s'efforceroient pas de deshonorer les bestes; mais quelques preoccupez qu'ils soient, ie ne laisseray pas d'adjouster à la force des raisons le poids des exemples.

Le singe à qui son maistre apprit à iouër des échets n'estoit-il pas bien imaginatif & bien sensé ? Et celuy à qui nos danseurs de corde ont appris à danser dessus les yeux bandez, ne renuie-t'il pas sur l'autre ?

L'éléphant qu'Emanuël, Roy de Portugal, enuoya au Pape Leon X. n'estoit-il pas bien clair-voyant, puis qu'il connoissoit tous les signes de son gouuerneur ? & qu'il y auoit vne si grande correspondance entre les conceptions de l'vn & les desseins de l'autre, qu'il sembloit que la beste deuinast les intentions du maistre.

Que ne peut-on point dire des lievres, des ours & des lyons ? Les premiers n'entrent-t'ils pas en leur giste en sautant ? Les seconds ne

Z

vont-ils pas en leur taniere les pieds en haut ? Et les derniers ne marchent-ils pas à la campagne les ongles fermez ?

Que ne peut-on point dire encores du heriſſon ? Ne ſecoüe-t'il pas le bois tortu ? Ne fait-il pas tomber les raiſins ? Ne s'eſtend-il pas legerement ſur eux ? Et ne fait-il pas en ſorte, ce ſemble, de deuenir vne vigne marchante ?

N'aurions-nous pas mauuaiſe grace d'oublier les lezards, puis qu'ils vont au deuant de la cruauté de leurs ennemis ? & que pour reüſſir en cela, ils effacent auec que leur queuë, les traces qu'ils font auec que les pieds.

N'aurions-nous pas mauuaiſe grace auſſi d'oublier les élephans, puis qu'il ſemble qu'ils connoiſſent l'intention des hommes ? que quand ils ſe voyent preſſez des chaſſeurs ils ſe rompent les dents, afin de donner à leur auarice le butin qu'elle recherche.

Que le renard eſt ruſé ! Que

cette beste est fine ! Les chasseurs ne sçauent-ils pas que pour faire descendre les volailles de dessus les arbres il fait semblant de leur ietter sa queuë, que lors qu'il est enuironné des chiens il remplit la mesme queuë d'vrine & de fiente, qu'il arrose le museau des chiens de son pissat, qu'il infecte l'odorat des bestes de son autre excrement, & que c'est par ces insupportables artifices qu'il éuite sa capture ?

Que les autres bestes de chasse sont encores rusées ! Les mesmes chasseurs ne sçauent-ils pas aussi que les vieilles meutes prennent le change, que les vieux piqueurs s'égarent, & que pour connoistre le fort & le foible des habitans des bois il faut vieillir au son du cor ?

Peut-on douter de l'esprit du cancre marin, puisque pour manger des huistres il fait la sentinelle, & qu'en prenant le temps qu'elles s'ouurent, il iette adroitement vne pierre entre les écailles ?

Peut-on douter aussi de l'esprit

des grenoüilles de mer, qu'on appelle pescheresses, puis qu'elles iettent de leur col vn long boyau, que pendant qu'elles souffrent qu'on morde le bout elles se couurent de sable, qu'elles retirent comme insensiblement cette funeste ligne, & que quand quelque innocent poisson est dans l'enceinte de son actiuité, elles le deuorent?

Y a-t'il rien de plus trompeur que la seiche? L'experience ne nous apprend-elle pas qu'elle dégorge dans l'eau son ancre naturelle, & sur tout lors qu'elle est dans les filets, & que pendant que le pescheur doute de sa prise, elle treuue dans le trouble qu'elle excite le moyen d'échaper de prison?

Y a-t'il encores rien de plus adroit que le mulet? La mesme experience ne nous apprend-elle pas que quand il se defie de la ligne que le pescheur a iettée, il va nageant à l'entour d'elle, qu'il frappe l'appas de sa queuë, & que quand il ne peut le decrocher il retrecit sa bouche, & le rouge delicatement ?

Si nous iettons les yeux sur les volatils, quelles loüanges ne pourrons nous point adjouster à celles que nous auons données ? Certes il se presente mille belles choses à ma pensée, & à dire le vray, ie perds la liberté du choix ; mais pour ne point trop grossir le traitté des bestes, ie me contenteray de le finir par les exemples des aigles, des oyes sauuages, & des gruës.

Qui ne sçait que l'aigle a vne cruauté ingenieuse, que dans l'auidité qu'elle a pour la chair du cerf elle cherche tous les moyens possibles pour le faire perir, qu'elle ramasse de la poussiere auecque ses aisles, qu'en cet estat elle le poursuit, qu'elle fait en sorte de le faire monter à l'extremité des plus hautes montagnes, que quand il est sur le coupeau, elle se pose entre son bois, qu'elle décharge ses aisles dans ses yeux, qu'elle luy dérobe la veuë, & que comme en descendant aueuglement il se rompt le col, il deuient malheureusement sa nourriture?

Qui ne sçait encores que les oyes sauuages, qui sont criardes, reconnoissent leur defaut? que quand elles passent le mont de Taurus elles se defient des aigles qui ont leurs aires sur les rochers, & que pour ne point attirer sur elles leurs ennemis par l'indiscretion de leur caquet, elles prennent en leur bec de petites pierres.

Qui ne sçait enfin que les gruës varient leurs ordonnances selon la nature du temps? que quand l'air est calme elles volent toutes de front & que quand l'air est agité elles volent en triangle.

De l'argument.

L'ARGVMENT est vn discours par lequel on infere vne chose d'vne autre.

Il y a sept sortes d'argumens, il y a l'induction, l'exemple, le dilemme, le sorite, l'enthymeme, le dénombrement, & le syllogisme.

De l'induction.

L'INDVCTION est vn argument par lequel on infere de plusieurs singuliers vne verité vniuerselle.

Exemple.

CET aimant attire le fer, cet autre aimant, cet autre fer, & ainsi des autres ; donc tout aimant attire le fer.

L'auarice est insatiable, l'orgueil nous rend dédaigneux, la gourmandise nous rend inferieurs aux bestes, l'enuie nous rend semblables au diable, la colere nous transporte, la luxure nous hebeste, la paresse nous appesantit ; donc tout vice est haïssable.

On conclud le genre par le denombrement des especes : L'homme, le cheual, l'oiseau, le serpent, le poisson, ont du sentiment ; donc tout animal a du sentiment.

On infere l'espece du dénombrement des indiuidus.

Pierre est mortel, Iacques est mortel, Guillaume est mortel, &c. donc tout homme est mortel.

On infere le tout du dénombrement des parties.

Les fondemens sont sappez, les murailles tombent, les planchers sont entr'ouuerts, les poutres sont pourries, le toit est découuert, donc toute la maison est en ruine.

Le Prince est impie, les grands Seigneurs sont libertins, les Soldats sont licentieux, les Magistrats sont corrompus, les Ecclesiastiques sont débordez, les Bourgeois sont irreligieux, les pauures sont pillards, les villageois sont insolens; donc tout le Royaume est vicieux.

Homere vécut pauurement, Virgile ne fut point l'objet de la liberalité d'Auguste, Martial n'eut pas sujet de vanter les bien-faits de Domitian, Horace fut estimé de Mecene, & il n'en receut point de faueurs considerables, Larioste ne fut point fauorablement traitté d'Hypolyte d'Este, & il en est arriué ainsi aux autres ; donc vn Poëte ne doit point fonder sa fortune sur ses vers.

Lors qu'aprés auoir dénombré on adjouste, & ainsi des autres, c'est dans ces dernieres paroles où ordinairement la fausseté se glisse.

De l'exemple.

L'Exemple est vn argument par lequel d'vn particulier on infere ordinairement vn particulier.

Exemple de l'exemple.

L'Amour des garçons diffama Cesar, car on disoit de luy, qu'il estoit l'homme de toutes les femmes, & la femme de tous les hommes ; donc celuy qui sera entaché de ce vice sera diffamé.

Vn tel a esté demembré pour auoir ietté ses mains parricides sur son Roy ; donc celuy qui fera le mesme crime receura le mesme suplice.

L'argument qui est tiré de l'exemple est quelquefois vne espece d'induction : Cela arriue lors qu'vn exemple estant douteux on en demande quelques autres ; & ainsi si aprés auoir dit, que les Guerres ciuiles qui ont esté funestes aux François seront fatales aux Espagnols, on nie la consequence, on sera obligé de parcourir l'Histoire des Estats & des Empires, & de tirer de la diuersité de ces sources l'vniformité de ses exemples.

Les exemples sont tirez, ou de la Fable, ou de l'Histoire, & les exemples de l'Histoire sont naturels, moraux, ou casuels.

Les exemples qui sont tirez des causes naturelles sont fort considerables, parce qu'ils sont fondez sur vne espece de necessité.

Les exemples qui sont tirez des causes humaines ne sont pas fort considerables, parce que les temps, les lieux, les personnes, varient les éuenemens.

Les exemples qui sont tirez des

cas d'aduenture sont tres-foibles, parce qu'ils ne sont fondez, ny sur la necessité, ny sur la raison.

Il fit hier beau, parce que le soir du iour precedent estoit rouge. Donc il fera beau demain, si le soir d'aujourd'huy est de la mesme couleur.

Cette conclusion n'est pas necessaire, mais elle est plus que probable.

Le Prince de Condé a esté bien receu des Espagnols. Donc vn tel Prince qui projette la mesme retraitte, receura le mesme traittement.

Cette conclusion peut estre vraye, mais il y a bien des circonstances qui peuuent la rendre fausse.

Il tomba hier sur la teste de Iacques vne tuille, parce qu'il sortit durant la violence du vent. Donc si Pierre sort durant la mesme violence, il receura la mesme disgrace.

Cette conclusion peut estre confirmée par vn semblable accident;

mais de cent mil hommes qui s'exposent aux injures de la tempeste, il n'y en a souuent pas vn qui ait besoin d'emplastre.

Du dilemme.

LE dilemme est vn argument cornu, qui presse tellement l'Aduersaire, que quelque proposition qu'il prenne des deux qu'on luy propose, il se treuue vaincu.

Exemple.

SI tu faisois imprimer ta Logique, ou ton Ouurage passeroit pour vne bonne Piece, ou pour vn méchant Liure ; S'il passoit pour vne bonne Piece, tu ferois des ialoux ; & s'il passoit pour vn méchant Liure, tu ferois des railleurs. Donc il ne faut pas que tu fasse imprimer ta Logique.

Autre exemple.

SI dans le peu de bien que vous auez, vous acheptez vne Charge de Conseiller de la Cour, ou vous paroistrez selon vostre dignité, ou selon vostre fortune : Si vous paroissez selon vostre dignité, vous passerez pour vn magnifique imprudent ; & si vous paroissez selon vostre fortune, vous passerez pour vn iudicieux mesquin. Donc il ne faut pas que vous acheptiez vne Charge de Conseiller de la Cour.

On peut faire les mesmes diuisions, & tirer des consequences opposées : Si dans la diuision suiuante, ta femme sera belle, ou laide, on disoit, comme belle, elle fera tes inquietudes, & comme laide, elle fera ton dégoust ; On pourroit repartir, comme belle, elle fera ta satisfaction ; & comme laide, elle fera ton repos.

Pour faire de veritables dilemmes, il faut que la diuision soit iuste,

& que la raison des propositions soit inuincible, mais ces sortes de dilemmes sont rares.

Du sorite.

LE sorite est vn argument qui enchaîsne de telle sorte plusieurs propositions, que le sujet de la premiere conuient aueque l'attribut de la derniere.

Exemple.

S'Il est vniuersel, il sçait la raison des choses; s'il sçait la raison des choses, il est decisif; s'il est decisif, il est satisfaisant; s'il est satisfaisant, il est estimé: donc s'il est vniuersel, il est estimé.

Le sorite doit estre composé de propositions qui soient subordonnées, & de mesme categorie, comme, Toute Iustice est Vertu, toute Vertu est habitude, toute habitude est qualité, toute qualité est accident; donc toute iustice est accident.

Lors que le sorite n'est pas ce que ie viens de dire, la conclusion est ridicule, comme, La Musique est vne harmonie, l'harmonie est vn son, le son se fait de l'air, l'air est vn élement; donc la Musique est vn élement.

Cette conclusion peche, parce que c'est passer de l'accident à la substance.

Quand le sorite est composé de causes accidentelles, sa conclusion est fallacieuse, comme, Le salé cause la soif, la soif cause le boire, le boire desaltere; donc le salé desaltere.

Il est vray que le salé desaltere, parce qu'il combat l'humidité, & que la secheresse, qui succede à l'humidité, veut le breuuage; mais ce n'est pas par nature, comme le breuuage, c'est par accident.

De l'enthymeme.

L'ENTHYMEME est vn argument dans lequel on sous-entend vne

proposition, parce qu'elle est tellement raisonnable, que personne ne la dispute.

Exemple.

LA vertu n'est pas desirée pour l'amour d'elle-mesme,

Donc elle n'est pas le souuerain bien.

On sous-entend dans cet argument la proposition suiuante.

Tout ce qui n'est pas desiré pour l'amour de soy-mesme n'est pas le souuerain bien.

Autre exemple.

LE lievre a le cœur grand.
Donc il est timide.

On sous-entend dans cet argument la proposition suiuante.

Tout animal qui a le cœur grand est timide.

La bonne conclusion de l'enthymeme dépend de la proposition obmise.

L'au-

L'auſtruche mange le fer.
Donc elle le digere.

Cette conſequence eſt fauſſe, parce que l'auſtruche ne digere pas tout ce qu'elle mange, qui eſt la propoſition ſous-entenduë.

Du dénombrement.

LE dénombrement eſt vn argument dont les concluſions peuuent eſtre affirmatiues, ou negatiues.

Pour conclure affirmatiuement, on fait vn dénombrement de toutes les parties, afin qu'aprés auoir oſté toutes les parties hormis vne, celle qui reſte ſoit poſée.

Exemple de l'affirmatiue.

ON ne ſçait les choſes que par intuition, que par reuelation, que par l'écolle, que par l'experience, & que par la meditation. Les choſes que vous ſçauez, vous ne les ſçauez, ny par intuition, parce que c'est le priuilege des Anges ; ny par reuelation, parce que vous n'auez point de commerce aueque Dieu ; ny par écolle, parce que vous ne sçauez, ny lire, ny écrire ; ny par experience, parce que vous n'auez iamais soufflé. Donc vous le sçauez par meditation.

Pour conclure negatiuement, on oste toutes les parties.

Exemple de la negatiue.

TOVT braue est hardy, ou au fer, ou au feu, mais vous craignez le mousquet & l'épée. Donc vous n'estes pas braue.

Quand on veut prouuer par le dénombrement, il faut que le dénombrement soit exact ; car à moins que d'auoir cette condition on pourroit conclure faussement : Et ainsi si l'on disoit, Ou nous sommes en paix, ou nous sommes en guerre ; Ou nos actions sont bonnes, ou elles sont mauuaises ; Ou nous sommes des hommes, ou nous sommes des femmes, on ne tireroit pas vne conclusion necessaire, car il y a des treues, des indifferences, & des androgines.

Du syllogisme.

LE syllogisme est vn argument, par lequel de deux propositions mises par ordre on tire vne conclusion.

On appelle le syllogisme discours, parce que comme en reduisant plusieurs nombres rangez par ordre en vn seul, on fait vn compte, & qu'en ce compte nostre esprit court de la premiere somme iusques au resultat, où il s'arreste; ainsi la raison humaine, tirant de deux propositions bien placées vne conclusion, fait vn syllogisme. Et parce qu'en cette operation l'esprit semble courir de la premiere proposition à la conclusion, qui borne sa course, les Latins & les François l'ont appellé proprement discours.

Il est à propos, pour l'intelligence des Traittez suiuans, d'expliquer les noms qu'on donne aux propositions d'vn argument.

Supposons qu'on vueille prouuer que Pierre est animal, on dira sans doute,

Tout homme est animal.
Pierre est homme.
Donc Pierre est animal.

L'attribut de la conclusion, qui est le mot d'animal, est appellé question auant qu'il soit prouué; mais quand il est prouué, l'Ecolle l'appelle le grand terme, parce que la signification de ce mot a plus d'estenduë que les mots d'homme & de Pierre.

Le sujet de la conclusion, qui est le mot de Pierre, est aussi appellé par l'Ecolle le petit terme, parce que la signification de ce mot a moins d'estenduë que celuy d'homme, & par consequent que celuy d'animal.

La premiere proposition est appellée majeure.

Et la seconde est appellée mineure.

L'Ecolle appelle majeure la premiere proposition, parce qu'elle renferme des mots dont la signification est plus estenduë.

Et elle appelle mineure la seconde proposition, parce qu'elle renferme vn mot dont la signification est moins vaste.

Il est vray que la conclusion renferme vn mot dont l'estenduë de la signification est égale à celle d'vn des mots de la premiere proposition; mais la conclusion comme conclusion, n'est pas vne proposition, c'est vn resultat, & le resultat comme resultat, n'est ny majeure, ny mineure.

On diuise le syllogisme en plusieurs façons.

Il est diuisé, au regard de la situation, du moyen en la premiere, en la deuxiéme, & en la derniere figure.

Il est diuisé, au regard du mode, en affirmatif, & en negatif; en vniuersel, & en particulier; en direct, & en indirect; en parfait, & en imparfait.

Il est diuisé, au regard de la proposition, en simple, & en composé; en absolu, & en modal.

Il est divisé, au regard du moyen, en commun, & en singulier.

Il est divisé enfin, au regard de la matiere, en demonstratif, en dialectique, & en sophistique.

Il est divisé, au regard de la situation, du moyen en la premiere, en la deuxiéme, & en la derniere figure, comme:

Tout homme est animal.
Pierre est homme.
Donc Pierre est animal.
Nul enchantement n'est licite.
Tout exorcisme est licite.
Donc nul exorcisme n'est enchantement.
Quelque Prince n'est pas homme de bien.
Tout Prince est grand Seigneur.
Donc quelque grand Seigneur n'est pas homme de bien.

Il est divisé, au regard du mode, en affirmatif, & en negatif; en vniuersel, & en particulier; en direct, & en indirect; en parfait, & en imparfait, comme

Toute plante est animée.
Tout arbre est planté.
Donc tout arbre est animé.
Nul élement n'est sensitif.
Tout air est élement.
Donc nul air n'est sensitif.
Tout animal a sentiment.
Toute beste est animal.
Donc toute beste a sentiment.
Toute chose honneste est loüable.
Quelque plaisir est honneste.
Donc quelque plaisir est loüable.
Nulle vanité n'est meritoire.
Quelque aumosne est vanité.
Donc quelque aumosne n'est pas meritoire.
Tout mineral caustique est poison.
Tout arsenic est mineral caustique.
Donc quelque poison est arsenic.
Toute vertu est vne habitude.
La chasteté est vne vertu.
Donc elle est vne habitude.
Quelque corps est inuisible.
Nul esprit n'est corps.
Donc quelque chose inuisible n'est pas corps.

Il est diuisé, au regard de la proposition, en simple, & en composé; en absolu, & en modal, comme

Tout animal vit.
Tout homme est animal.
Donc tout homme vit.
Il est iour, nuit, ou crepuscule.
Or il n'est ny iour, ny nuit.
Donc il est crepuscule.
Toute plante vit.
Tout poirier est plante.
Donc tout poirier vit.
Tout animal necessairement vit.
Tout lyon est necessairement animal.
Donc tout lyon necessairement vit.

Il est diuisé, au regard du moyen, en commun, & en singulier; c'est à dire, & en quelque mode que ce soit, des trois figures, & en celuy qui n'est point renfermé dans les dix-neuf manieres d'argumenter, comme

Tout homme est raisonnable.
Pierre est homme.
Donc Pierre est raisonnable.
Platon

Platon est l'Auteur des idées.
Cet homme est Platon.
Donc cet homme est l'Auteur des idées.

Il est diuisé enfin, au regard de la matiere, en demonstratif, en probable, & en sophistique, comme

Tout homme est raisonnable.
Pierre est homme.
Donc Pierre est raisonnable.
Tout homme qui est studieux est sçauant.
Pierre est studieux.
Donc il est sçauant.
Ce qui émeut la concupiscence est hayssable.
Les beaux visages émeuuent la concupiscence.
Donc ils sont hayssables.

Le syllogisme est diuisé, au regard de la situation, du moyen en la premiere, en la seconde, & en la troisiéme figure; parce, comme nous dirons bien-tost, que le moyen, ou le mot qui preuue, peut estre disposé en trois manieres.

Il est diuisé, au regard du mode,

en affirmatif, & en negatif; en vniuerſel, & en particulier; en direct, & en indirect; en parfait, & en imparfait; parce que les ſyllogiſmes ne ſont diſtinguez modalement que par la negation, & l'affirmation; l'vniuerſalité, & la particularité; l'attente, & la ſurpriſe; l'éuidence, & l'obſcurité.

Les modes affirmatifs, ce ſont ceux qui concluent en *barbara*, & en *dary*.

Les modes negatifs, ce ſont ceux qui concluent en *celarent*, & en *ferio*.

Les modes vniuerſels, ce ſont ceux qui concluent en *barbara*, en *Ceſare*.

Les modes particuliers, ce ſont ceux qui concluent en *dary*, en *ferio*.

Les modes directs, ce ſont ceux qui vont de droit fil, & on les appelle par excellence, les premiers modes.

Les modes indirects, ce ſont ceux qui vont bien de droit fil, mais qui ne concluent pas de meſme. Tels sont les syllogismes en *barapliton*, car de ce qu'on pose, que tout animal est sensitif, & que tout homme est animal, on conclud indirectement, que quelque sensitif est homme, & cependant la lumiere naturelle attend qu'on concluë, ou que tout homme est sensitif, ou du moins que quelque homme l'est.

Les modes parfaits, ce sont ceux qui n'ont besoin d'aucune chose pour montrer l'évidence, & la necessité de leur conclusion : tels sont les quatre de la premiere figure.

Les modes imparfaits, ce sont ceux dont la consequence est bonne, & dont la construction est obscure ; en vn mot, ce sont ceux qui ne peuuent montrer l'évidence, & la necessité de leur conclusion, que leurs propositions ne soient transposées : tels sont les modes qu'on appelle indirects.

Le syllogisme est diuisé, au regard de la proposition, en simple, & en composé ; en absolu, & en modal.

Les syllogismes simples, ce sont

ceux où il ne se treuue, ny le ou, ny le si, ny le &, comme

Tout ce qui a Dieu pour objet de sa meditation, est immortel.

L'esprit a Dieu pour objet de sa meditation.

Donc l'esprit est immortel.

Les syllogismes composez, ce sont ceux où se retreuuent le ou, le si, & le &, comme

Ou la bouffonnerie est vn vice, ou elle est vne vertu.

La bouffonnerie n'est pas vne vertu.

Donc elle est vn vice.

Si la crainte est vne perturbation, elle doit estre moderée.

Or la crainte est vne perturbation.

Donc elle doit estre moderée.

Tout homme de bien est deuot & aumosnier.

Vn tel est homme de bien.

Donc il est deuot, & aumosnier.

Les syllogismes absolus, ce sont ceux qui ne renferment aucune condition.

Et les syllogismes modiques, ce sont ceux où les mots de necessaire, de contingent, & d'impossible se retreuuent.

Le syllogisme est diuisé, au regard du moyen, en commun, & en singulier.

Les syllogismes communs, ce sont ceux où le moyen est different de la chose prouuée; & cette sorte de moyen regne dans tous les dix-neuf modes.

Et les syllogismes singuliers, ce sont ceux où le moyen & la chose prouuée ne different que de nom.

Le syllogisme enfin est diuisé, au regard de la matiere, en necessaire, en dialectique, & en fallacieux, parce qu'il faut que de trois choses l'vne, la consequence soit tirée de principes necessaires, qu'elle soit tirée de principes contingens, ou qu'elle soit tirée de faux principes.

Comme les dernieres especes du syllogisme sont les plus importantes & les plus estenduës, elles meritent des traittez particuliers.

Du syllogisme necessaire, ou de la demonstration.

IL y a quatre sorte de connoissance; il y a le sentiment, l'opinion, la foy, & la science.

Le sentiment est vne connoissance, qui est tirée de l'application des sens sur quelque objet.

L'opinion est vne connoissance incertaine, & cette incertitude prouient de l'inéuidence des causes essentielles.

La foy est vne connoissance obscure, qui est fondée sur le témoignage d'autruy.

Et la Science est vne connoissance qui est tirée de deux propositions mises par ordre.

Pour estre denommé scientifique il ne suffit pas de connoistre les causes des choses, il faut estre asseuré qu'on les connoist. Le doute interuient quelquefois dans les connoissances; & lors que cela arriue, la

Science, qui est Science au respect de l'objet, deuient opinion au regard du sujet : Si bien qu'on peut dire auec vn Moderne, que la Science peut receuoir quelque alteration; & que comme on peut auoir vne ferme persuasion d'vne chose fausse, on peut auoir vne Science douteuse d'vne chose certaine.

Auant que de parler des propositions, qui doiuent estre les principes de la demonstration, il est à propos de parler des principes.

Des principes.

IL y a en general deux sortes de principes; les vns sont principes de composition, & les autres sont principes de connoissance.

Les principes de composition, ce sont ceux qui constituent les choses: L'ame & le corps sont principes de composition, parce qu'ils establissent l'animal.

Les principes de connoissance, ce sont ceux qui font connoistre les choses : La cause precede naturellement son effet. Ce principe est de connoissance, parce qu'il fait connoistre que le pere est homme auant que d'estre pere, & par consequent qu'il precede naturellement son fils.

Nous ne parlerons point icy des principes de composition, ce discours appartient à vne autre Discipline, nous ne parlerons que des principes de connoissance.

Entre les principes de connoissance il y en a de generaux, & de particuliers.

Les generaux, qui sont communs à toutes les Sciences, sont comme qu'vne chose est, ou n'est pas, que de deux propositions contradictoires l'vne est toûjours vraye, & l'autre fausse, que le tout est plus grand que sa partie, que tout ce qui est est substance, ou accident, &c.

Les particuliers, qui sont propres à chaque Science, sont comme que ce qui reste des choses égales, également ostées, est égal, que la definition doit conuenir au seul definy, que pour viure heureusement il faut bien viure, que les contraires se guerissent par leurs contraires, que toutes les œuures de Dieu sont bonnes, &c.

Des principes generaux de connoissance.

DEs premiers principes de connoissance, les vns sont affirmatifs, & les autres negatifs.

Les premiers sont comme, que chaque chose est, ou n'est pas.

Et les autres sont comme, qu'vne mesme chose ne peut estre, & n'estre pas tout ensemble.

Ceux qui ont creu que ces deux principes n'estoient pas les premiers, disent qu'il y a vn principe énonciatif, qui est premierement premier, comme que l'estre est estre.

Pour appuyer leur opinion, ils alleguent qu'il est de l'essence du premier principe, que les termes dont il est composé soient premierement premiers, & qu'ils ne puissent estre resolus en d'autres qui soient premiers qu'eux. Or est-il que ces conditions se treuuent en l'énonciation que ie viens de rapporter, parce que l'estre est premierement premier que les autres termes, & qu'il ne peut estre par consequent resolu en quelques autres; & ainsi ils concluent que ce principe qui fait tant de bruit, à sçauoir qu'il est impossible qu'vne chose soit, & ne soit pas tout ensemble, n'est pas le premier principe.

Cette doctrine est fausse, car outre que le principe qu'ils combattent peut estre énoncé par les termes les plus simples, comme que nul estre n'est & n'est pas en mesme temps ; il est vray de dire que leur pretenduë énonciation, l'estre est estre, n'est pas vne proposition, mais vne vaine repetition de termes ; & que comme elle n'adjouste aucun éclaircissement à la chose, elle est iustement rejettée des Disciplines. Mais supposons qu'on reçoiue le principe énonciatif dont il s'agit, au moins doit-on confesser qu'il y a bien de la difference entre estre premiere énonciation, & estre premier principe de connoissance, puisque la premiere énonciation requiert seulement qu'elle soit composée de termes qui soient premiers, & qui ne puissent par consequent se resoudre en d'autres; mais que le premier principe de connoissance, qui n'a pas besoin de cette primauté grammaticale, requiert necessairement qu'il soit le plus connu de tous les principes, & que ce soit par son moyen que la verité de chaque énonciation puisse estre confirmée.

L'évidence supréme du principe que ie defends, qui est qu'vne mesme chose ne peut estre, & n'estre pas tout ensemble, paroist dans la fausseté tres absurde du principe qui luy est opposé, qui est qu'vne mesme chose peut estre, & n'estre pas en mesme temps.

Adjoustons à cela, que quand cette énonciation l'estre est estre, seroit premierement premiere énonciation, elle ne seroit pas pour cela premierement premier principe, puisque toutes les autres énonciations ne tirent pas leurs preuues de son estre, & que tant s'en faut qu'elle soit le premier principe, qu'elle peut estre soustenuë par le principe suiuant, qui est qu'il est impossible qu'vne chose soit, & qu'elle ne soit pas tout ensemble.

Tout estre est estre, ou non-estre.

Ou bien, Tout estre est estre, & non-estre.

L'estre n'est pas non-estre, vn opposé n'est pas son opposé.

L'estre aussi, n'est pas estre, & non estre, parce qu'il est impossible qu'vne mesme chose soit & ne soit pas tout ensemble.

Donc tout estre est estre.

Des principes particuliers.

LEs principes particuliers sont doubles ; les vns sont particuliers communs, & les autres sont simplement particuliers.

Les principes particuliers communs, ce sont ceux qui sont principes en toute l'estenduë d'vne Science, & qui n'y sont point demontrez.

Et les principes simplement particuliers, ce sont de certaines conclusions qui sont demontrées en la mesme Science, & qui seruent de principes pour demontrer quelque autre chose.

Tout poirier est animé.

Cette conclusion est tirée du principe suiuant.

Tout arbre est animé.

Les principes propres, ou particuliers dont nous venons de parler, reçoiuent encores vne autre diuision; on les diuise en axiomes, & en theses, & on diuise les theses en demandes, & en definitions. Ie m'estendrois dauantage sur ces principes, mais parce que la Metaphysique en traitte, & que d'en faire vn long discours, ce seroit confondre les Sciences, ie me contenteray de dire en passant que la definition est vne oraison qui exprime la nature de quelque chose, qu'elle differe de la supposition, parce qu'elle est explicatiue ; qu'elle differe de la demande, parce qu'elle est claire; qu'elle differe encore de l'vne & de l'autre, parce qu'elle exclud l'affirmation & la negation ; & que si elle est receuë dans les demonstrations, ce n'est pas tant pour vne proposition que pour vn principe.

DES PRINCIPES de la demonstration.

Que les principes de la demonstration doiuent estre vrais.

LEs propositions du syllogisme demonstratif doiuent estre vrayes, parce qu'elles doiuent engendrer la Science, & qu'vn contraire n'engendre point son contraire. Ce n'est pas que d'vn principe faux on ne puisse tirer vne conclusion veritable : Mais, à proprement parler, la conclusion veritable ne vient pas de la fausseté de la matiere, elle vient de la construction de l'argument.

Tout animal est arbre.
Tout poirier est animal.
Donc tout poirier est arbre.

Que les principes de la demonstration doiuent estre necessaires.

LEs propositions necessaires veulent des conditions.

L'homme est animal.

Cette proposition est necessaire du costé de son sujet, elle ne l'est pas du costé de son attribut : Il n'y a point d'homme qui ne soit animal, mais l'animal peut estre brute.

L'homme est Architecte.

Cette proposition est necessaire du costé de l'attribut, elle ne l'est pas du costé du sujet : L'homme peut estre sans l'Architecture, mais l'Architecture ne peut estre sans l'homme.

Tout homme est raisonnable.

Cette proposition est entierement necessaire, parce que le raisonnable conuient à tout homme par essence, & sans entremise.

L'homme est Architecte.

Cette proposition n'est pas dite de tout comme la precedente, parce que l'Architecture n'est pas en tous les hommes comme le raisonnable.

Le corbeau est noir.

Cette proposition n'est, ny essentielle, ny exclusiue; car le noir est accident au corbeau, & il conuient à cent autres choses.

L'homme est sensitif.

Cette proposition manque de quelque condition, car outre que tout sensitif n'est pas homme, le sensitif qui est attribué à l'homme, ne luy conuient pas immediatement, mais par l'entremise de l'animal.

Les defauts de ces exemples nous apprennent qu'il faut qu'vne proposition demonstratiue soit essentielletiellement reciproque ; c'est à dire, qu'elle soit necessaire du costé du sujet & de l'attribut.

Qu'il faut que l'attribut conuienne à tous les individus de la mesme espece, & à elle seule.

Qu'il faut qu'il soit essentiel au sujet.

Qu'il faut enfin qu'il soit de telle nature qu'il soit immediat.

Les propositions de la demonstration doiuent estre necessaires, parce que comme les effets naturels sont en leurs causes preexistentes, les Sciences sont en leurs propositions primitiues, neantmoins il y a des consequences necessaires qui n'ont pas des propositions de cette nature.

Celuy qui court change de place.

Pierre court.

Donc il change de place.

La consequence est necessaire, mais la course de Pierre est contingente.

Si les propositions sont plus évidentes que la conclusion.

QVELQVES-VNS disent sur ce sujet que la conclusion tire son évidence des propositions, & par consequent que sa clarté est inferieure à la clarté de ce qui la precede, puisque ce parquoy chaque chose est telle est plus tel que ce qui ne l'est que par autruy.

Ie réponds à cela, que la conclusion n'est pas veritable, parce qu'elle est tirée des propositions, mais parce qu'elle est conforme à la chose qu'elle exprime, & i'adjouste à ce que ie viens de dire, que si la maxime que i'ay rapportée ne receuoit point de démenty, il s'ensuiuroit que les causes auroient plus d'estenduë que les effets, puisque les effets viennent des causes, que l'extension par laquelle lescorps ont de l'étenduë seroit plus estenduë que les corps, puisque les corps ne sont estendus que par l'extension, & que la lumiere de gloire seroit plus heureuse que la creature bien-heureuse, puisque c'est par elle qu'elle le seroit.

Enfin, dans les modes directs les extremitez de la question sont tres-évidemment liées; & comme elles ne sont pas plus évidemment liées au moyen qui est contenu dans les propositions precedentes, qu'elles le sont dans la conclusion, on peut dire icy que l'effet est aussi noble que sa cause.

Qu'il ne faut pas demontrer les sujets d'une Science par les principes d'une autre Science.

SI la demonstration, comme il n'en faut pas douter, n'est que de l'effet à la cause, & de la cause à l'effet; Si elle ne se doit faire que par des principes propres & immediats, les principes dont ie parle ne peuuent estre tels au respect des sujets de diuerse Science, puisque la diuersité des Disciplines est fondée sur la diuersité des objets, que chaque objet a ses propres causes, & que les mesmes causes ne peuuent estre propres & estrangeres aux mesmes objets. Il n'est pas du deuoir de l'Arithmeticien de démontrer que le cercle n'a point d'angles, parce que cette preuue regarde la quantité continuë; mais il est du deuoir du Geometre de demontrer ce principe, parce qu'il traitte des dimensions. Il n'appartient pas au Medecin de demontrer qu'vne playe circulaire est plus longue à guerir qu'vne angulaire, parce que cette preuue regarde les figures; mais il appartient au Geometre de demontrer cette verité, parce que cette longueur vient de ce que les extrémes de la figure circulaire sont plus éloignées que celles de l'angulaire, & qu'elles se rassemblent par consequent plus facilement.

Comme les Sciences superieures ont beaucoup d'affinité auecque les Sciences prochainement subalternes, la regle que nous auons posée reçoit quelques exceptions. La Physique peut prouuer les conclusions de la Medecine, l'Etique peut prouuer les conclusions de l'Economie.

Des especes de la demonstration.

IL y a deux especes de demonstration.

Il y en a vne qui prouue l'effet par la cause.

Et il y en a vne autre qui prouue la cause par l'effet.

Encores qu'vne parfaite demonstration veüille des causes prochaines, comme i'ay cy-deuant dit, neantmoins on ne laisse pas de receuoir dans le mesme genre de cause les causes éloignées.

Quand on demontre que l'homme est capable de rire, parce qu'il est raisonnable, on demontre par la cause prochaine, car le raisonnable est la cause immediate par decoulement de la capacité de rire.

Et quand on demontre que le

cheual est corruptible, parce qu'il est animal, on demontre par la cause éloignée, car l'animal n'est pas la cause prochaine de la corruptibilité, c'est la matiere dont il est composé, ou pour mieux dire, ce sont les contrarietez qu'elle renferme.

Quand on demontre qu'il y a du feu à l'âtre, parce qu'il y a de la fumée, que l'homme a deux poulmons, parce qu'il respire, & que la Lune est ronde, parce que la lumiere croist en elle en rond, c'est montrer les causes par les effets.

On demontre par les quatre causes.

On demontre la risibilité par la raison, qui est la cause formelle.

On demontre la diuisibilité par le corps, qui est la cause materielle.

On demontre la perfection du Monde par la perfection de Dieu, qui est la cause efficiente.

On demontre l'attraction des poulmons par le rafraischissement du cœur, qui est la cause finale.

Les demonstrations qui se font

par les causes efficientes, & par les causes finales, ne sont pas si excellentes que celles qui se font par les autres causes.

Qu'on pose le raisonnable, on pose toûjours le risible ; mais qu'on pose la proximité du feu, qui est vne espece de cause efficiente, on ne pose pas toûjours le brûlement.

Qu'on pose le corps, on pose toûjours le diuisible ; mais qu'on pose le bien connu, qui est vne cause finale, on ne pose pas toûjours la poursuite qu'on en doit faire.

Les demonstrations qui se font par les causes prochaines sont meilleures que celles qui se font par les causes éloignées. On raisonne plus fortement, quand on dit que les plantes ne respirent pas, parce qu'elles n'ont point de poulmons, que parce qu'elles ne sont pas animales ; qu'il n'y a point de Menestriers en Scythie, parce qu'il n'y a point de vin, que parce qu'il n'y a point de vigne ; qu'vn homme a la fievre, parce que ses humeurs sont putrides, que parce que ses pores sont bouchez.

Il est important de remarquer, qu'encores que les moyens dont on se sert dans les syllogismes ne soient pas toûjours les causes de la conclusion, les conclusions peuuent estre necessaires, puis qu'on peut dire, que tout ce qui est capable de vertu est capable de raison, que l'homme est capable de vertu, & par consequent qu'il est capable de raison.

Du syllogisme probable.

QVELQVES-VNS disent, que le syllogisme probable c'est celuy dont les propositions renferment des attributs contingens, comme

Que les amoureux sont ialoux.

Que les Grands sont fiers.

Quelques autres disent, que le syllogisme probable c'est celuy dont les propositions frappent la lumiere naturelle, comme

Que celuy qui seruira bien sera recompensé

Que

Que les bien-facteurs seront honorez.

Quelques autres disent, que le syllogisme probable c'est celuy dont les propositions peuuent estre facilement defendües, comme

Que les richesses sont desirables.

Que la Vertu est plus vtile que la Science.

Qu'vne Republique est mieux gouuernée par des gens de bien que par des méchans.

Quelques autres disent, que le syllogisme probable c'est celuy qui est composé de propositions qui expriment des choses qui arriuent assez souuent, comme

Qu'vn homme est sçauant, parce qu'il est pasle, & qu'il a des liures.

Qu'vn homme sain & gaillard vit plus long-temps qu'vn homme de mesme âge qui est infirme, qui est chagrin.

Que les peres aiment leurs enfans.

Que les ouuriers aiment leurs ouurages.

Dd

Quelques autres enfin difent, que le fyllogifme probable c'eſt celuy de qui les propoſitions ſont contingentes, ou de qui l'vne eſt contingente, & l'autre neceſſaire.

De qui les propoſitions ſont contingentes, comme

Les femmes qui reçoiuent quelque aduantage de leurs galands, les aiment.

Vne telle tire quelque aduantage de ſon galand.

Donc elle l'aime.

De qui l'vne eſt contingente, & l'autre neceſſaire, comme

L'homme aime ſon ſemblable.

Pierre eſt homme.

Donc Pierre aime ſon ſemblable.

On peut reduire tous les ſyllogiſmes probables à quatre eſpeces.

Dans la premiere on peut prouuer que tel, ou tel accident eſt en vne telle, ou telle choſe, comme que le bien eſt, ou n'eſt pas en la volupté.

Remarquez que ſous cette eſpece on peut reduire toutes les choſes caſuelles.

Dans la seconde, on peut prouuer qu'vn tel, ou tel mot n'est pas le genre de telle, ou telle chose, comme que la vertu est, ou n'est pas le genre de l'amitié.

Dans la troisiéme, on peut prouuer, que quelque chose est, ou n'est pas le propre de telle, ou telle chose, comme que le libre arbitre est le propre, ou ne l'est pas des substances spirituelles.

Dans la derniere enfin, on peut prouuer que telle, ou telle oraison est, ou n'est pas la definition de telle ou telle chose, comme que l'animal raisonnable est, ou n'est pas la definition de l'homme.

Le syllogisme demonstratif dissipe le doute.

Le syllogisme probable entretient l'incertitude.

Le premier est appellé inuincible.

Et l'autre est appellé opinatif.

Comme dans le raisonnement probable tous les topiques peuuent auoir place, & que l'ingenieuse liaison des lieux, est vne adresse qui peut

seruir de modele aux Orateurs naiſ-
ſans, ie veux preuenir icy la peine
des apprentifs, & donner vn exemple digne d'eſtre imité.

Que la colere eſt à fuyr.

Par l'é- ON contracte quelque choſe des
tymolo- choſes dont on emprunte ſa de-
gie. nomination: La colere vient de la bile, & comme la bile eſt vne humeur
tres-maligne, la colere eſt vne paſſion tres-dangereuſe. Ces veritez ne
reçoiuent point de doute, chacun les
Par les ſent, cha-cun les éprouue, auſſi ſont
conju- elles tellement connuës, que quand
guez. on parle d'vn homme colerique, on ſe
repreſente d'abord vn feu boüillant,
vn ſang ſubtil, vn fiel allumé. Qu'eſt-
Par la ce que la colere? vn Ancien répond
defini- pour nous, que c'eſt vne courte fu-
tion. reur. O! que cette réponſe, qui
contient peu de paroles, renferme
bien des choſes! qu'elle eſt concise!
qu'elle eſt vaſte! qu'elle eſt ſuccinte!
qu'elle eſt eſtenduë! Il eſt vray
qu'on donne à la colere vn autre

portrait, qu'on la represente sous vne autre figure. Mais quand nous luy donnerions la passion pour genre, & le desir de tirer raison pour difference, la conceurions-nous sous des idées moins terribles? sous des notions moins effroyables? La passion bouluerse les constitutions animales, elle excite des troubles, elle éleue des fumées, tout cede à sa force, tout obeyt à sa tyrannie. Le desir qui l'accompagne icy est vne inquietude qui trauaille, est vn feu qui deuore, est vn torrent qui entraisne, est vne violence qui precipite.

Si la colere est hayssable en ses causes essentielles, elle est injuste en ses causes efficientes; & cette verité est si constante qu'elle ne peut estre combatuë. Qui peut enflamer nostre bile? il est aisé de le deuiner: On ne peut s'éleuer que contre Dieu, que contre des femmes, que contre des enfans, des parens, des ennemis, des malades, des amis, des sages, des fols, des gens de bien, des estrangers,

Par les causes efficiente éloignées.

des Magistrats, des puissans, des vicieux.

Si Dieu renuerse nos desseins, à à quoy bon de menacer le Ciel ? n'y a-t'il plus de foudres ? n'y a t'il plus d'abysmes? Si c'est contre vn enfant, où est la lumiere naturelle ? les enfans & les fols ne sont-ils pas exemts de la sujetion des Loix ? Si c'est contre vne femme, qui ne sçait que son sexe est imbecile ? & que comme il ne peut donner la reputation, il ne peut ternir la gloire. Si c'est contre des parens, n'est-il pas probable que nostre faute a deuancé leur aigreur? que nous prenons pour vne injure ce que nous deurions prendre pour vn ressentiment. Si c'est contre des ennemis, qui les a faits ennemis ? & s'ils agissent par vn mouuement aueugle, pourquoy treuuer estrange que l'ignorance peche ? Si c'est contre des malades, à quelles extremitez ne se porte-t'on point? doit-on se venger de ceux dont les souffrances nous vengent ? les maladies ne sont-elles pas des punitions ? Si c'est contre des amis, sur quoy fonder son émotion? les amis peuuent-ils auoir des intentions fâcheuses ? & s'ils sont capables d'aigreur, sont-ils indignes d'excuse? Si c'est contre des sages, d'où vient qu'on s'emporte ? les sages traittent-ils mal les sages ? Si c'est contre des gens de bien, que peut on mettre en auant ? ne faut-il pas que ceux qui viuent dans l'ordre soient bien piquez lors qu'ils piquent? ou que s'ils ont tort, les apparences qui les ont surpris soient apparemment bien criminelles. Si c'est contre des estrangers, par quel moyen peut-on defendre son emportement ? y a-t'il de l'honneur à se fier sur son credit, sur ses habitudes, à pousser à bout des passans, des inconnus, des gens qui ne nous connoissent pas, & qui n'ont point de connoissances ? Si c'est contre des Magistrats, le iugement d'vn particulier doit-il estre preferé au iugement d'vn Senat ? peut-on quelque chose contre ceux qui peuuent tout? les armes sont-elles égales?

Si c'est contre des puiſſans, quelle douceur peut-on tirer de ſon amertume? ne faut-il pas ceder à la force? Et ſi c'eſt enfin contre des vicieux, pour quelle raiſon s'émouuoir? puis qu'ils offenſent plus par habitude que par mépris, & que c'eſt eſtre trop delicat, que de vouloir eſtre exempt des injures dont le reſte des hommes n'eſt pas à l'abry.

<small>Par les cauſes efficientes moins éloignées.</small> Entre les cauſes efficientes de la colere, les paroles & les actions tiennent les ſeconds rangs; mais quelle foibleſſe de s'enflamer d'vn regard de trauers, d'vne parole bruſque, d'vne contenance fiere, d'vn hochement de teſte? Il ne ſert de rien d'alleguer que les ſoufflets, les coups de pieds, & les mutilations, ſont des outrages inſupportables; Ces ſortes d'actions, non plus que les precedentes, ne doiuent point exciter la colere, on doit mépriſer les premieres, on doit punir les autres; & dans la Iuſtice vindicatiue on ne doit iamais prendre pour Conſeiller, ce qui ne reconnoiſt pour Code &

pour Digeste que la violence. L'opinion d'auoir esté offensé, qui est le principal boute-feu de la colere, est vne cause qui est aussi déraisonnable que les autres, car outre qu'elle est ordinairement l'effet des causes les plus legeres, elle est ordinairement aussi la cause des passions les plus perilleuses. Elle engendre la douleur, la haine, l'audace, l'esperance, & la ioye; Elle engendre la douleur, car on ne recherche point le remede quand on n'est point malade; Elle engendre la haine, car on considere l'auteur de son mécontentement comme l'ennemy de sa reputation, de sa fortune, de sa vie; Elle engendre l'esperance; car, comme dit Auicenne, dés que le desespoir de la vengeance se presente à la pensée, l'émotion se conuertit en tristesse; Elle engendre la ioye, car dans l'opinion qu'on a de pouuoir tirer raison de l'injure, on se represente la victoire comme obtenuë. Que si le tout dont les parties sont malignes est vicieux, on ne peut nier

Par la cause efficiente prochaine.

Par les causes integrantes.

que la colere ne soit vne méchante passion, puisque la ioye est babillarde & indiscrete, que l'esperance est vaine, que l'audace est brusque, que la haine est cruelle, & que la douleur est pesante. Comme selon les circonstances de l'injure, de l'injurieux & de l'injurié, les ébulitions qui se forment à l'entour du cœur sont plus, ou moins ameres, les a‑

Par les sujets, ctions aussi qui naissent de ces mesmes ébulitions sont plus, ou moins violentes ; mais quand la colere se forme dans l'Ame des Puissans, qu'elle est attisée par la naissance, par la fortune, par la reputation, & que l'offense qui la fait naistre est considerable, il n'y a point d'outra‑

Par les effets. ges qu'elle ne projette, il n'y a point d'extremitez qu'elle n'embrasse ; elle brûle, elle assassine, elle saccage, elle desole ; son ardeur deuient vn feu qui consume, sa voix deuient vn tonnere qui épouuente, sa precipitation deuient vne tempeste qui renuerse, sa dureté deuient vn careau qui foudroye : le sang est son rafraifchiffement, les cris font fes concerts, les entaffemens de corps font fes trophées ; & comme pour paruenir à des fatisfactions fi eftranges & fi dénaturées, les moyens doiuent correfpondre aux éuenemens, elle employe pour fe venger, tout ce que la flaterie luy confeille, tout ce que la commodité luy offre, tout ce que la puiffance luy fournit, & tout ce que la fureur luy fuggere. Les Philofophes, qui obferuent les diuers degrez des chofes, reconnoiffent trois fortes de coleres ; mais quelque notable difference qu'il y ait entre ces efpeces, elles font toutes méchantes : celle qu'ils appellent enfielée, parce qu'elle eft le premier boüillon de la bile émeuë, a fes promptitudes, & fes extrauagances ; celle qu'ils appellent maniaque, parce qu'elle conferue longtemps fon feu, a fes noirceurs & fes furprifes ; & celle qu'ils appellent furieufe, parce qu'elle eft toûjours inquiete, toûjours remuante, a fes inhumanitez, & fes horreurs : La

Par les efpeces

Par les adjoints ou par les circonstances.

premiere est tellement delicate, qu'elle fait aigreur des moindres indecences, qu'elle fait outrage des moindres oppositions ; la seconde attise tellement son feu par la perpetuelle representation de l'injure receuë, qu'elle ne respecte gueres, ny les temps, ny les lieux, ny les personnes ; & la derniere est tellement éhontée, est tellement aueugle, qu'on peut dire veritablement que la confusion est son appanage, que la cruauté est son caractere, que le sacrilege est sa proprieté.

Par la similitude.

Quelque effort que face la colere de se defaire de la douleur qui l'accompagne, elle souffre vne partie du mal qu'elle fait souffrir : Il est d'elle comme de ces grandes ruines qui se brisent sur les choses où elles tombent ; elle est l'agent & le patient, & elle treuue dans ses propres agitations des secousses, & des atteintes :

Par les dissemblables.

Il n'est pas de la haine, simplement haine, comme de la colere, simplement colere ; la haine se contente de la destruction de son objet, elle ne se pique point d'estre l'auteur de cette destruction ; mais la colere, qui est plus hazardeuse, & plus bruyante, ne se contente pas de la perte de l'injurieux, elle veut qu'on sçache qu'elle est l'auteur de cette perte ; & il arriue de là qu'elle donne des éclaircissemens perilleux, & que pour vne injure repoussée elle s'expose à de nouueaux outrages. Si on assomme les chiens enragez, si on tuë les bœufs farouches & intraittables, si on égorge les brebis galeuses, si on estouffe les fruits contrefaits des bestes, si on estouffe mesme les monstres de la nature humaine ; à plus iuste raison doit-on destruire la colere, puis qu'elle n'est pas seulement vne rage, vne ferocité, vn venin, vn dereglement, mais qu'elle est encore le fonds de toutes les aigreurs, la source de toutes les conjurations, l'origine de tous les massacres, la cause de toutes les guerres. Encores que selon ce que ie viens de dire, la colere soit extrémement perni-

Par le moins au plus.

cieuse, neantmoins il y en a qui tiennent qu'elle a ses vertus & ses vtilitez, & par consequent qu'elle doit auoir ses panegyristes & ses reconnoissans ; mais ce raisonnement est trompeur, & il est facile de découurir sa fallace. Si vne chose qui est bonne de soy, & qui par accident fait du mal, est digne d'excuse, vne chose qui est mauuaise de soy, & qui par hazard fait du bien, est indigne de loüange ; & ainsi ce n'est pas dire grand chose, que de dire que la colere nous rend quelquefois âpre au combat, l'yuresse fait quelquefois naistre la mesme ardeur, & cependant c'est vn trouble ; que la colere nous rend quelquefois fermes & asseurez, la phrenesie engendre quelquefois la mesme constance, & cependant c'est vne maladie ; que la colere est quelquefois vtile aux humeurs lentes & timides, & aux constitutions froides & pituiteuses ; les coups d'épées percent quelquefois les apostumes, les poisons se conuertissent quel-

Par les contraires.

quefois en nourriture, & cependant les attentats & les empoisonnemens sont des crimes. Quand par supposition, la colere ne seroit pas hayssable en elle-mesme, elle le seroit en ce qui la deuance, en ce qui l'accompagne, & en ce qui la suit ; & certes ie n'aduance rien en cela que ie ne prouue : Elle seroit hayssable en ce qui la deuance, parce que l'orgueil la precede, qu'vne personne qui n'a pas vne trop bonne opinion de soy-mesme est comme insensible aux injures qu'on luy fait ; Elle seroit hayssable en ce qui l'accompagne, parce que si elle est legere, vn feu subtil comme vn éclair, altere le visage ; que si elle est mediocre, vne rougeur noirastre s'imprime sur le front, & sur les ioües ; que si elle est grande, les yeux estincellent, la bouche écume, les dents craquent, le sang boult, les levres tremblent, les cheueux se herissent, les doigts se tordent, la langue begaye, & que si elle est extréme, le visage deuient liuide, l'haleine deuient

Par les antecedens.

Par les accompagnans

puante ; le visage deuient liuide, parce que le sang grossier & terrestre est impetueusement ietté aux parties exterieures ; l'haleine deuient puante, parce que les humeurs relantes & malignes qui sont estrangement émeuës & échauffées, exhalent leurs esprits putrides : Elle seroit enfin hayssable en ce qui la suit, parce que la colere, qui s'engendre toûjours sous le pretexte de la raison, combat la raison mesme, qu'elle ne garde iamais vne iuste mesure, qu'elle laisse toûjours des matieres d'estonnement & de confusion. Aprés tant de preuues conuaincantes, que reste-t'il à rapporter ? que reste-t'il à dire ? Il me semble que la question est resoluë, que la matiere est épuisée, & que celuy qui voudroit aller au delà de nous, voudroit aller au delà de la possibilité. Il est vray que l'opinion des grands hommes est vn topique, que c'est vn de nos lieux, que c'est vne de nos sources ; que sur la colere dont il s'agit ie pourrois me seruir des Anciens, & sur tout

Par les témoignages.

tout de Salomon, qui la traitte de cruelle, d'impitoyable; de Platon, qui reconnoist que de donner à cette paſſion la correction du mal, c'eſt donner au mal la correction du mal; de Plutarque, qui la definit vne courte manie; de Seneque, qui la repreſente ſous l'abbregé de tous les maux. Il eſt vray, dis-ie encores, que ſur la colere, dont il eſt queſtion, ie pourrois me ſeruir des Modernes; & particulierement de Montagne, qui la compare à vn broüillards; de Charon, qui tient que c'eſt vn acheminement à la folie; de Monſieur Marandé, qui dit que c'eſt vn vin fumeux qui trouble le ſens, qui eſteint l'imagination; & de Monſieur de la Chambre, qui en fait vne belle, & horrible peinture; Mais chaque choſe a ſon temps, ce qui ſe ſouſtient de ſoy-meſme eſt exempt d'appuy, où les raiſons ſont victorieuſes, les authoritez ſont inutiles.

Ee

Du syllogisme sophistique.

LA nature est presque plaine de fausses apparences.

Il y a des personnes qui portent sur le visage les marques comme asseurées de la santé, & qui portent dans le sein les matieres prochaines de la mort.

Il y a des femmes qui paroissent belles, & qui a les bien examiner n'ont rien d'agreable que ce qu'elles dérobent aux mouches, & au fard.

L'estain & le laton entreprennent sur l'argent & sur l'or.

Enfin l'on remarque tous les iours que les choses mesmes qui sont destinées pour nous nourrir, semblent estre preparées pour nous nuire, que les poires les plus belles sont souuent pierreuses, que les pommes les plus vermeilles sont souuent pourries, &c.

Comme les Legislateurs en defendant le mal par les Loix, ne l'enseignent que pour obliger les Citoyens à s'en éloigner; Comme les Medecins en traittant des poisons, n'enseignent à les connoistre que pour obliger tout le Monde à s'en garantir; les Logiciens n'enseignent les mauuais argumens que pour donner moyen aux gens d'estude de s'en donner de garde.

Le nom de Sophiste signifioit autrefois Sage, mais comme le temps change la pluspart des choses, il est pris à present pour faux imitateur; & c'est en ce sens, & par antiphrase qu'on appelle Sophistes ceux qui veulent contrefaire les Sages.

Aristote appelle le traitté des Sophismes du mot d'*Elenches*, qui signifie refutation, reprimende; aussi est-ce là qu'il combat les subtilitez surprenantes des faux Philosophes.

Le syllogisme sophistique, c'est celuy qui contient des propositions captieuses: Il est de ce syllogisme comme de certains bastimens dont les materiaux ne valent rien, & dont le plan est bon; dont les materiaux font bons, & dont le plan est defectueux ; dont les materiaux ne valent rien, & dont l'œconomie est imparfaite.

On peut inferer de ce que ie viens de dire, qu'il y a des syllogismes qui pechent en la matiere, & qui ne pechent pas en la forme ; qui pechent en la forme, & qui ne pechent pas en la matiere ; qui pechent en la matiere & qui manquent en la construction.

Le syllogisme sophistique peche en la matiere, lors qu'vne des propositions est douteuse, qu'vne des propositions est fausse, ou que toutes les deux ne sont pas vrayes.

Tu ne sçay pas ce que ie te veux demander.

Ie veux te demander ton nom.

Donc tu ne sçais pas ton nom.

La premiere proposition est douteuse, car l'on peut sçauoir, & ne sçauoir pas la resolution de la demande.

Ce qui énerue doit estre banny.

Le mariage énerue.

Donc il doit estre banny.

La mineure est fausse.

Tout astre se nourrit de vapeurs.

Les cometes sont des astres.

Donc elles se nourrissent de vapeurs.

Ces deux propositions sont insoustenables.

Le syllogisme sophistique peche en la forme, lors que sa conclusion est mal tirée.

Toute volupté réjoüyt.

Toute felicité réjoüyt.

Donc toute felicité est volupté.

Cette conclusion est fausse, car il ne s'ensuit pas que pour conuenir auec quelque chose, on soit toûjours identifié aueque elle.

La vertu engendre la haine.

Quelque mensonge engendre la haine.

Donc quelque mensonge est verité.

Cet argument peche encore en la forme; car comme il ne s'ensuit pas que deux choses supposent pour vne de ce qu'elles ont quelquefois quelque chose de commun, il ne s'enfuit pas auſſi que le menſonge ſoit verité de ce qu'il engendre la haine.

Tout ambitieux eſt capable de violer toutes choſes.

Vous eſtes capable de violer toutes choſes.

Donc vous eſtes ambitieux.

Cet argument peche en la matiere, & en la forme.

Il peche en la matiere, parce que le deſir d'honneur eſt vne eſpece d'ambition, que celuy qui ſe propoſe l'honneur fuyt l'infamie, & que celuy qui fuyt l'infamie fuit le vice.

Il peche en la forme, parce qu'il vſe de deux affirmations dans la deuxiéme figure, & que cette figure veut vne negatiue.

Les fallaces regardent les choſes, ou les mots.

Des fallaces qui regardent les choſes.

LA fallace par accident, c'eſt lors qu'vne choſe n'eſt vraye que par

Derniere Partie. 335

rencontre, & qu'on veut qu'elle soit vraye par nature.

Ce qui apporte des troubles en vn Estat est pernicieux.

L'Euangile apporte des troubles en vn Estat.

Donc l'Euangile est pernicieux.

La seconde proposition de cet argument n'est vraye qu'au regard des esprits impenetrans, & neantmoins on en tire vne conclusion absoluë.

Tout ce qui aueugle est hayssable.

Le Soleil aueugle.

Donc il est hayssable.

La seconde proposition de cet argument est fausse, le Soleil n'aueugle pas de sa nature, il éclaire, & il n'aueugle que quand il treuue des yeux debiles, & des curiositez temeraires; & neantmoins on infere du mal qu'il fait par accident, vne malignité naturelle.

De la fallace, qui prend pour vray ce qui ne l'est qu'en quelque façon.

TOUT bien est souhaitable.
Les richesses sont vn bien.
Donc elles sont souhaitables.
Les richesses sont indifferentes, & si elles sont vn bien, ce n'est qu'aux gens de bien.

La fallace, qui prend pour vray simplement, ce qui ne l'est qu'à quelque égard, se commet en plusieurs façons.

L'Ethyopien est blanc par les dents.

Donc l'Ethyopien est blanc.

C'est comme si l'on disoit, vn tel sçait vn tel Art.

Donc il sçait tous les Arts.

Il n'est pas permis de tuër.

Donc il n'est pas permis de tuër en guerre.

C'est comme si l'on disoit, Il n'est pas permis d'attaquer.

Donc

Derniere Partie. 337

Donc il n'est pas permis de se defendre.

Il ne faut pas rendre les armes à son maistre quand il est furieux.

Donc il ne faut pas rendre les armes à son maistre.

C'est comme si l'on disoit, il ne faut pas donner à manger à vn malade quand il est dans l'accez.

Donc il ne faut pas donner à manger à vn malade.

Il faut ietter les marchandises dans la mer quand on est menacé du naufrage.

Donc il faut ietter les marchandises dans la mer.

C'est comme si l'on disoit, il faut couper vn membre quand il menace de gangrene la totalité.

Donc il faut couper les membres.

Les diables vsent souuent de cette fallace, car ils persuadent que les biens qu'ils proposent sont de veritables biens, de ce qu'ils renferment quelque bien, & que les maux qu'ils representent sont de verita-

F f

bles maux, de ce qu'ils contiennent quelque incommodité.

De la fraude de ce qui n'est pas cause, & qui est neantmoins pris pour cause.

IL faut bannir les choses dont les méchans se seruent.

Ils se seruent de la Science.

Donc il la faut bannir.

Le mal n'est pas en la Science, il est au méchant.

Il faut bannir ce qui excite à faire de méchantes actions.

L'argent porte les auares à faire de méchantes actions.

Donc il faut defendre l'argent.

Le mal n'est pas en l'argent, il est en l'auare.

Des mauuaises coustumes sont nées les bonnes loix.

Donc les mauuaises choses produisent les bonnes.

Les mauuaises mœurs de soy n'engendrent pas les bons reglemens, mais elles sont cause, par occasion, qu'on corrige les mœurs.

De la fraude des réponses.

LA fraude des réponses, c'est quand à vne question qui en contient plusieurs, on ne donne qu'vne réponse.

On demande si l'asne & l'homme ne sont pas animal raisonnable.

Si on dit non, le demandant dira, si l'asne & l'homme ne sont pas animal raisonnable.

Donc l'homme n'est pas animal raisonnable.

Et si on dit ouy, le mesme demandant dira, si l'asne & l'homme sont animal raisonnable.

Donc l'asne est animal raisonnable.

De la supposition de ce qui est en question.

ON tombe dans la supposition de ce qui est en conteste, lors qu'on prend pour moyen de la preuue le moyen mesme qui est en debat ; & ainsi on tombe dans la supposition de ce qui est en dispute, lors qu'on dit, l'habillement est blanc, parce que le vestement est blanc, car le vestement & l'habillement est vne mesme chose ; & comme c'est vne mesme chose, c'est mal persuader celuy qui doute que l'habillement soit blanc, que de luy alleguer pour raison que le vestement est blanc : Et ainsi on tombe encores dans la supposition de ce qui est debatu, lors que voulant prouuer l'innocence de tous les enfans, on allegue pour raison qu'ils sont sans peché ; car il ne s'agit pas de dire qu'ils sont sans peché, puisque c'est le point de la controuerse, mais il faut prouuer qu'ils sont sans peché.

De la fallace de mauuaise consequence.

CETTE fallace consiste à violer les loix de la conuersion.

Tout flateur est courtois.

Donc tout courtois est flateur.

Cette conclusion est éuidemment fausse; car si elle estoit bonne, il s'ensuiuroit qu'il n'y auroit point d'honneste homme qui ne fût flateur.

Tout marbre est pierre.

Donc toute pierre est marbre.

C'est argumenter faussement du consequent, qui est le mot de pierre, à l'antecedent, qui est le mot de marbre.

Ce qui a esté engendré a eu commencement.

Donc ce qui n'a pas esté engendré, n'a pas eu commencement.

C'est inferer faussement de la negation de l'antecedent, qui est ce qui a esté engendré, la negation du consequent, qui est ce qui a eu commencement; car quoy que les Anges n'ayent pas esté engendrez, ils ont eu commencement.

S'il pleut, la terre est baignée.

Donc s'il ne pleut pas, la terre n'est pas baignée.

C'est tomber dans la faute precedente; car quoy qu'il ne pleuue pas, elle ne laisse pas d'estre quelquefois baignée.

On peut reduire sous cette fallace les fausses conjonctions.

Iulien l'Apostat estoit mauuais.

Iulien l'Apostat estoit Rhetoricien.

Donc Iulien l'Apostat estoit mauuais Rhetoricien.

Cet argument peche, parce qu'il n'y a point de liaison essentielle entre les attributs de mauuais, & de Rhetoricien, & qu'en matiere contingente les deux propositions ne peuuent se reduire en vne.

Ce portrait est vn homme peint.

Donc ce portrait est vn homme.

Cette conclusion est fausse, car on ne peut diuiser vne énonciation dont les attributs simplement pris sont incompatibles; & ainsi sur ce mesme fondement, & à cause de la mesme raison, on ne peut pas dire,

Le vinaigre est vn vin corrompu.
Donc le vinaigre est du vin.

Des especes de fraude qui regardent la diction.

LA fraude de la diction renferme l'équiuocation, l'ambiguité, la composition, la diuision, l'accent, & la figure de la diction.

L'équiuocation, c'est lors qu'on employe vn mot pour vne autre signification que celle qu'on sous-entend.

Cette espece de fraude est de grande importance; elle fut fauorable à Brutus, car comme sur la demande qui fut faite à Delphes par les enfans de Tarquin, qui seroit celuy qui succederoit à la Couronne des Romains, la Pithye auoit répondu, que ce seroit celuy d'entr'eux qui baiseroit le premier sa mere; Brutus, qui auoit fait le voyage auecque Titus & Aruns, & qui porta le iour dans l'obscurité de cette réponse, fit vn faux pas, & baisa la terre.

L'équiuoque estoit au mot de mere, car les enfans du Roy le prirent pour la mere particuliere, & Brutus le prit pour la mere commune.

Cette espece de fraude fut desauantageuse à Antiochus, les Romains tombent d'accord de luy rendre la moitié des vaisseaux qu'ils luy auoient pris, & en effet ils executerent l'accord, car ils firent couper les vaisseaux en deux, & en enuoyerent la moitié.

L'équiuoque estoit au mot de moitié, car Antiochus le prit pour la moitié du nombre, & les Romains le proposerent pour la moitié de la matiere.

Tout chien aboye.
Quelque Astre est vn chien.
Donc quelque Astre aboye.
On parle dans la premiere proposition du chien terrestre, & on

parle dans la seconde du chien celeste.

Tout ce qui n'a ny commencement, ny fin, n'est point creé de Dieu.

La rondeur du Ciel n'a ny commencement, ny fin.

Donc la rondeur du Ciel n'est point creée de Dieu.

On parle dans la premiere proposition du commencement & de la fin, qui se referent au temps.

Et on parle dans la seconde du commencement & de la fin qui se rapportent à la figure.

Ce qui rit a vne bouche.

Les prez rient.

Donc ils ont vne bouche.

On parle d'abord du veritable ris, & on parle en suite du ris metaphorique.

Cet homme pisse ce qu'il a beu, il a beu du vin rouge.

Donc il pisse du vin rouge.

On entend parler dans la premiere proposition de la substance, & on parle dans l'autre de la qualité.

Ce que ie suis tu n'es pas.
Ie suis homme.
Donc tu n'es pas homme.

On parle dans la premiere proposition de la substance indiuiduelle, & on parle dans l'autre de la substance specifique.

Celuy qui a vne grande capacité est habile homme.

Vn grand mangeur a vne grande capacité.

Donc vn grand mangeur est habile homme.

On parle dans la premiere proposition de la teste, & on parle dans l'autre de l'estomach.

Tu as mangé la viande que tu as acheptée.

Tu as achepté de la chair cruë.

Donc tu as mangé de la chair cruë.

Il y a quatre termes en ce syllogisme, car le mot de viande est pris pour vne substance dans la majeure, & il est pris pour vne qualité dans la mineure.

Ce qui est sain peut estre malade,

Derniere Partie. 347

L'orge mundé est sain.

Donc il peut estre malade.

Le mot de sain est pris dans la premiere proposition pour ce qui reçoit la santé, & il est pris dans l'autre pour ce qui la donne.

La mesme teste que tu auois au sortir de ta mere, tu l'as encores.

Tu auois la teste fort petite.

Donc tu as la teste fort petite.

Dans la premiere proposition le mot de teste est pris pour la substance, & il est pris dans l'autre pour la quantité.

L'amphibologie, ou l'ambiguité, c'est lors que la phrase rend le sens douteux.

L'œil seul voit.

Cette proposition est vraye en vn sens, & elle est fausse en vn autre. Il n'appartient qu'à l'œil de voir, mais lors qu'il est seul, c'est à dire, lors qu'il est arraché, il ne voit pas.

I'ay veu vn geant allant à Paris.

Cette proposition contient vn sens obscur, car on ne sçait si c'est le geant qui marche, ou si c'est celuy qui l'a veu.

La composition c'est lors qu'on confond ce qu'on doit diuiser.

Vn homme assis peut marcher.

Cette proposition est vraye, prise en diuers temps; mais elle est impossible, prise en vn mesme temps, car on ne peut marcher, & estre assis.

La France a vn seul Maistre.

L'Espagne a vn seul Maistre.

Donc la France & l'Espagne sont à vn seul Maistre.

C'est conjoindre ce qui est separé, en vn mot c'est de deux choses differentes en faire vne.

La diuision est contraire à cette fallace, car elle separe ce qui n'est vray que comme conjoint.

Tout ce qui est deux & trois, est pair & impair.

Cinq est deux & trois.

Donc il est pair & impair.

Cinq contient bien les vnitez qui le composent, mais il n'est pas deux & trois, car deux & trois sont deux especes de nombre, & le cinq n'est qu'vne espece ; de sorte que le cinq ne contient le deux & le trois que comme des vnitez conjointes, car autrement on pourroit dire separément, que cinq seroit deux, que cinq seroit trois, & ainsi on confondroit les especes.

L'accent c'est lors qu'on abuse de la prononciation.

Quiconque peche offense Dieu.

Quiconque prend du poisson à la ligne pesche.

Donc il offense Dieu.

La figure de la diction c'est quand vne diction semblable à vne autre paroist auoir vne mesme maniere de signifier.

Cette derniere fraude a deux especes.

La premiere prouient de ce qu'on confond l'attribut aueque le sujet.

Toute substance colorée de blanc est blanche.

L'homme est vne substance colorée de blanc.

Donc l'homme est blanche.

La derniere prouient de ce qu'on

confond le general aueque le particulier.

L'homme est especé.
Socrate est homme.
Donc Socrate est espece.

De la composition du syllogisme.

LE syllogisme est composé de matiere & de forme.

La matiere du syllogisme est éloignée, ou prochaine.

La matiere éloignée, ce sont le sujet & l'attribut.

Et la matiere prochaine, ce sont les propositions.

Il est de la matiere éloignée & prochaine d'vn argument ce qu'il est des materiaux, & des murailles d'vne maison, des élemens, & des chairs d'vn animal.

Les materiaux sont les matieres éloignées de l'édifice, & les murailles, qui sont composées des materiaux, sont les causes prochaines du mesme bastiment.

Les élemens sont les matieres moins prochaines de l'animal.

Et les chairs, les nerfs, les tendons, &c. sont les matieres immediates du mesme animal.

Le sujet, & l'attribut sont les causes éloignées de l'argument.

Et les propositions qui sont composées du sujet & de l'attribut, sont les causes prochaines du mesme argument.

Comme le syllogisme a deux matieres, il a deux formes.

La forme de la matiere éloignée, est appellée figure.

Et la forme de la matiere prochaine, est appellée mode.

De la figure.

LEs figures du syllogisme ne sont pas appellées figures par analogie, car si cela estoit, Aristote auroit peché contre ses propres loix, qui defendent d'vser de termes metaphoriques dans les Sciences; mais le syllogisme est proprement appellé figure, parce qu'estant vne oraison, & par consequent vne espece de quantité, il est aussi bien le sujet par soy des figures que les trois dimensions.

La figure du syllogisme consiste en la situation de la raison qu'on allegue pour prouuer ce qui est en question.

Du mode.

IL n'est seulement pas requis pour la beauté d'vn visage que toutes les parties soient mises en leur lieu, il faut que chacune aye la grandeur qui luy est requise : Il n'est pas seulement necessaire aussi pour la perfection du syllogisme que ses parties soient mises en leur place, il faut que chacune ait son mode, c'est à dire sa proportion.

Le mot de mode est équiuoque, il se prend quelquesfois pour ce qui reserre quelque chose, le mot de raisonnable modifie le mot d'animal, c'est à dire qu'il restraint son estenduë.

Il se

Il se prend quelquesfois pour mesure, S. Augustin se plaint de ce qu'il differe sans mesure sa conuersion, c'est à dire tous les iours.

Il se prend quelquesfois pour ajustement : Vn tel est à la mode, c'est à dire qu'il est habillé selon le temps.

Il se prend quelquesfois pour methode : Vn tel enseigne d'vne belle maniere, c'est à dire qu'il procede clairement à l'introduction des Sciences.

Il se prend quelquesfois pour attribut, S. Thomas appelle souuent les attributs de Dieu ses modes.

Il se prend enfin pour l'estat d'vne chose. & c'est en ce sens que nous le prenons icy.

La figure se rapporte à la disposition des termes.

Le mode se rapporte à la disposition des propositions.

La figure dépend de l'assiete du moyen, c'est à dire du mot qui preuue.

Gg

Et le mode releue de l'estat des propositions, c'est à dire de leur estenduë & de leur racourcissement, de leur affirmation, & de leur negation.

Du nombre des figures.

IL n'y a que trois figures ; car comme la figure n'est autre chose que la disposition du moyen, & que le moyen, la cause, la raison, la preuue ne peut estre disposée à-ueque les extremitez de la conclusion, qui sont le sujet & l'attribut, qu'en trois façons, il s'ensuit qu'il n'y a que trois figures : neantmoins Galien soustient que le moyen, ou le mot qui preuue peut estre entrelassé en quatre manieres, qu'on le peut mettre pour attribut dans la majeure, & pour sujet dans la mineure.

Si ie veux prouuer, par exemple, selon la figure de Galien, que quelque risible est homme, ie diray,

Tout homme est raisonnable.

Tout raisonnable est risible.

Donc quelque risible est homme.

Mais remarquez que ce n'est pas vne nouuelle figure, mais vn nouueau desordre ; car comme dans la proposition suiuante, si on mettoit l'attribut deuant le sujet, en disant,

Beau est le Soleil.

On ne changeroit pas la proposition, mais on la feroit irreguliere ; ainsi Galien mettant la mineure deuant la majeure, met les pieds deuant la teste.

Sur quelles regles sont fondées les trois figures.

LA premiere figure est fondée sur la regle de tout & de nul.

La regle de tout nous apprend que ce qui s'affirme d'vn terme vniuersel, se doit affirmer de tous les particuliers qui sont contenus sous sa signification : Si l'on dit que l'animal a mouuement, on peut dire que les hommes & les bestes ont mouuement, parce qu'ils sont compris sous la signification de ce terme generique.

La regle de nul nous enseigne que ce qui ne peut estre affirmé d'vn terme vniuersel ne peut estre affirmé de ce qui est renfermé sous son estenduë: Ce qui ne conuient point à l'animal, comme d'estre insensible, ne peut conuenir à l'homme ny à la beste, parce que l'homme & la beste sont ses especes.

La seconde figure est fondée sur ce qu'on dit, que qui oste le consequent destruit l'antecedent; en effet, qui dit que la statuë n'est pas animal, dit qu'elle n'est, ny homme, ny beste.

La derniere figure est establie sur ce qu'on enseigne, que lors que deux choses conuiennent à vne troisiéme, les deux choses conuiennent quelquesfois entr'elles: Ie dis quelquesfois; car quoy que le rond & le clair conuiennent au Soleil, le rond n'est pas toûjours clair.

Il faut remarquer en passant, que le pere & le fils ne sont les mesmes qu'au regard de la nature diuine ; que l'homme & la beste ne font les mesmes qu'au regard de la nature sensitiue ; que le poirier & le chesne ne font les mesmes qu'au regard de la nature vegetale ; que quand on dit que les choses sont les mesmes qui conuiennent à vne troisiéme, on doit sous-entendre qu'elles ne sont les mesmes qu'en ce seulement en quoy elles conuiennent ; que ce principe n'est vray qu'en ce seul sens ; & que si ce que ie dis en cela estoit faux, il s'ensuiuroit que l'argument qui suit seroit bon, ce qui n'est pas.

Tout asne est animal.
Tout homme est animal.
Donc tout homme est asne.

De la premiere figure.

LA premiere figure, c'est celle en laquelle le moyen, où le mot qui preuue ce qui est en question precede le verbe dans vne proposition, & le suit dans vne autre.

Tout homme est animal.
Pierre est homme.
Donc Pierre est animal.

Le mot qui preuue c'est le mot d'homme, qui precede *est*, dans la premiere proposition, & qui en est precedé dans la seconde.

Chaque figure a ses modes ; la premiere en a neuf, qui sont *barbara, celarent, darij, ferio, celantes, dabitis, fapesmo, baralipton*.

La seconde en a quatre, qui sont *cesare, camestres, festino, baroco*.

Et la derniere en a six, qui sont *felapton, disamis, datisi, bocardo, darapti, ferison*.

Pour se bien seruir de ces mots vtiles & insupportables, il faut considerer trois choses : Il faut premierement considerer les *a*, les *e*, les *i*, & les *o* ; car l'*a* signifie vne proposition vniuerselle affirmante, l'*e* vne proposition vniuerselle negatiue, l'*i* vne proposition particuliere affirmatiue, & l'*o* vne proposition particuliere negatiue.

Il faut considerer en second lieu

la situation de ces voyelles, puisque selon qu'elles sont placées, les propositions s'entre-suiuent.

Il faut considerer enfin les consones qui commencent les mots qui renferment l'*a*, l'*e*, l'*i*, & l'*o* : La raison est, que lors qu'il s'agit de reduire les modes indirects aux quatre de la premiere, il faut que ceux d'entr'eux qui commenceront par vn *b*, par vne *f*, par vn *d*, par vn *c*, soient reduits à celuy d'entre les quatre qui commencera par les mesmesmes lettres, & que c'est par ce moyen qu'on reduit les syllogismes imparfaits aux syllogismes euidens.

Comme tous les diuers modes se treuuent en toutes les Logiques, il suffit de donner des exemples de quelques-vns.

Exemple des quatre premiers modes de la premiere figure, qui sont barbara, celarent, darij, ferio.

TOVTE substance immaterielle est incorruptible.

Toute intelligence est vne substance immaterielle.

Donc toute intelligence est incorruptible.

Nul endurcy n'est sauué.

Tout méchant est endurcy.

Donc nul méchant n'est sauué.

Tous ceux ausquels Dieu a remis les pechez sont heureux.

Dauid est vn de ceux ausquels Dieu a remis les pechez.

Donc Dauid est heureux.

Nul iuste n'est méchant.

Quelque homme est iuste.

Donc quelque homme n'est pas méchant.

On voit en ces modes que le mot qui preuue est disposé d'vne mesme façon,

façon, & que neantmoins les propositions sont disposées d'vne differente maniere.

De la seconde figure.

LA seconde figure c'est celle en laquelle le moyen suit le verbe dans les deux propositions.

Tout homme est animal.
La pierre n'est point animal.
Donc la pierre n'est point homme.

Le mot d'animal c'est le terme moyen, ou pour mieux parler, c'est le terme repugnant; car l'animal est conuenant à l'homme, & est disconuenant à la pierre.

Exemple de quelques modes de la seconde figure.

TOvt sage est moderé.
Nul Poëte n'est moderé.
Donc nul Poëte n'est sage.

Nulle chose materielle ne peut receuoir deux formes en mesme temps.

Toute ame humaine peut receuoir deux formes en mesme temps.
Donc nulle ame humaine n'est
vne chose materielle.

On voit en ces modes que le
moyen a vne mesme place, & que
neantmoins les argumens n'ont pas
vne mesme construction.

De la troisiéme figure.

LA troisiéme figure c'est celle en
laquelle le moyen precede le
verbe dans les deux propositions.
Tout homme est animal.
Tout homme est viuant.
Donc quelque viuant est animal.
Le mot d'homme c'est le moyen,
car il s'vnit à l'animal, & au viuant.

Exemple de quelques modes de la troisiéme figure.

NVLLE vertu n'est à rejetter.
Toute vertu est difficile.
Donc quelque chose difficile n'est
pas à rejetter.

Tout animal est viuant.
Tout animal est corps.
Donc quelque corps est viuant.

On voit enfin en ces modes que le moyen garde vne mesme situation, & que neantmoins les argumens ne gardent pas vne mesme maniere.

Regles generales des trois figures.

LE moyen ne doit point auoir diuerses significations, parce que le terme qui peut receuoir diuerses significations conuient proprement à vne chose, & improprement à quelques autres. Adjoustons à cela qu'vn seul esprit suffit pour vnir l'Ame au corps, qu'vn seul instant suffit pour ioindre le passé au futur, qu'vn seul terme suffit pour lier le sujet auec l'attribut.

Quiconque dit que Platon est animal, dit vray.

Quiconque dit que Platon est asne, dit qu'il est animal.

Donc quiconque dit que Platon est asne, dit vray.

Cette conclusion est ridicule, parce que le mot d'animal est pris en la majeure pour raisonnable, & qu'il est pris en la mineure pour brute, & que si le mesme mot estoit pris dans la mineure au mesme sens qu'il l'est dans la majeure, il s'ensuiuroit que la mineure seroit fausse, puis qu'vne espece ne peut estre vne autre espece, & que si Platon estoit asne, il ne seroit pas simplement raisonnable.

L'animal est vn genre.

L'homme est animal.

Donc l'homme est vn genre.

Cette conclusion n'est pas receuable, parce que le mot d'animal est pris dans la majeure pour le nom du nom, c'est à dire pour le nom qui represente tous les animaux comme animaux, & que dans la mineure le mesme mot est pris pour le nom de la chose, c'est à dire pour le mot qui represente vn animal.

Le moyen ne doit point entrer

dans la conclusion, on n'y doit mettre que ce qui doit estre prouué ; le moyen prouue, & il n'est pas prouué, & lors qu'il entre dans la conclusion, les consequences sont ridicules.

Tout animal est substance.
Tout homme est animal.
Donc tout homme qui est animal est substance.

Cette conclusion est bonne, mais où pourroit-on treuuer vn homme qui ne fût pas animal ?

Comme on ne peut pas conclure necessairement que deux choses soient les mesmes entr'elles de ce qu'elles conuiennent à vne autre ; puis qu'encores, comme i'ay desja dit, que le rond & le clair conuiennent au Soleil, le rond n'est pas toûjours clair, on ne peut aussi inferer necessairement que deux choses ne soient pas les mesmes entr'elles, de ce qu'elles ne conuiennent pas à vne troisiéme, parce qu'encores que risible & raisonnable ne conuiennent pas au lyon, cela n'empesche pas qu'ils ne suppofent pour vne mefme chofe.

Nul animal n'eft plante.
Nul homme n'eft plante.
Donc nul homme n'eft animal.

Cette conclufion eft déraifonnable ; car quoy que l'animalité ne conuienne pas à la plante, cela n'empefche pas que l'animal, & l'homme ne conuiennent entr'eux.

Nul homme n'eft befte.
Nul cheual n'eft homme.
Donc nul cheual n'eft befte.

Cette conclufion dément le fens commun, car il ne s'enfuit pas qu'vne chofe n'ait pas ce qu'elle doit auoir, de ce qu'elle n'a pas ce qui luy difconuient, c'eft à dire en vn mot qu'il ne s'enfuit pas qu'vn cheual n'ait pas la nature beftiale, de ce qu'il n'a pas la nature humaine.

Remarquez pourtant que quand vne des propofitions peut eftre exprimée affirmatiuement, la conclufion peut eftre bonne ; & ainfi l'on peut dire, ce qui ne raifonne point n'eft point homme.

Vne peinture ne raisonne point.

Donc vne peinture n'est point homme.

La raison est, que la première proposition de cet argument peut estre conuertie en la suiuante.

Tout homme raisonne.

On peut conclure de pures propositions negatiues, mais ce n'est pas par la vertu de la forme, c'est par la vertu de la matiere.

Nul Ange n'est materiel.

Dieu n'est pas vn Ange.

Donc Dieu n'est pas materiel.

La conclusion est vraye, mais comme ie viens de dire, ce n'est pas par la vertu de la forme ; car quoy que Dieu ne soit pas vn Ange, il ne laisse pas d'estre immateriel : Si bien qu'il n'y a point de liaison entre l'antecedent & la consequence. Que si l'argument estoit en bonne forme, il conclueroit comme il faut en toute matiere, mais l'exemple suiuant va faire voir le contraire.

Nul levrier n'a des cornes.

Nulle chevre n'est levrier.

Donc nulle chevre n'a des cornes.

Quoy que les propositions soient vrayes, la conclusion est fausse ; & cela témoigne bien que l'argument peche en la forme, puis qu'il n'est pas du vray comme du faux, qu'on ne peut prouuer le faux par le vray, mais qu'on peut prouuer le vray par le faux.

Pour bien découurir les defauts de l'argument precedent, il faut considerer qu'en l'antecedent on n'a rien nié qui renferme la conclusion, qu'il n'importe que le levrier soit sans cornes, puisque la chevre n'est pas comprise sous le levrier.

De deux propositions particulieres on ne peut rien conclure.

Quelque animal est asne.
Quelque homme est animal.
Donc quelque homme est asne.

Cette conclusion n'est pas bonne, car comme vn particulier ne comprend pas vn autre particulier, on ne peut inferer que quelque homme soit asne, de ce que quelque animal l'est.

Quelque homme est Philosophe.
Socrate est homme.
Donc il est Philosophe.

Cette conclusion est vraye; mais elle n'est pas bonne, car sur vne autre matiere elle est fausse.

Quelque animal a quatre pieds.
La gruë est vn animal.
Donc la gruë a quatre pieds.

Le defaut de cecy vient de ce qu'il faut qu'vn moyen soit distribué pour le moins en vne des propositions, & qu'il ne l'a esté en aucune façon; car quoy que le quelque animal soit vn vague, c'est vn indiuidu, & vn indiuidu ne comprend pas l'espece.

Quand vn moyen est distribué, c'est lors qu'il est pris dans toute l'estenduë de sa signification.

Tout animal est viuant.

L'animal en cet endroit est distribué, parce qu'il est pris pour tous les animaux.

Tout homme est animal.

L'animal en cet endroit n'est pas distribué, c'est le mot d'homme, car il est pris pour tous les hommes.

Remarquez pour vne plus grande intelligence, que le signe vniuersel affirmatif, qui est le mot de tout, distribuë le sujet, mais non pas l'attribut, comme Tout homme est animal; car comme i'ay desja dit, l'homme en cet endroit est distribué, & non pas l'animal, parce que l'homme n'est pas tous les animaux.

Remarquez encores que le signe vniuersel negatif, qui est le mot de nul, distribuë le sujet & l'attribut, comme, Nul cheual n'est lyon; car le cheual icy est distribué pour tous les cheuaux, & le lyon pour tous les lyons.

Quelque animal est homme.
Quelque animal est lyon.
Donc quelque lyon est homme.

Ce syllogisme ne vaut rien, car le mot d'animal, qui est le moyen, n'est distribué, ny en la majeure, ny en la mineure ; la raison est, que quelque animal n'est ny tous les hommes, ny tous les lyons.

Bien que de deux propositions particulieres on ne tire point de conséquence, on peut neantmoins conclure singulierement dans les trois figures, la raison est, que le singulier est vn indiuidu circonstantiel, que sous des noms differens, comme i'ay dit ailleurs, & contre la regle que i'ay cy-deuant posée, le mot qui preuue, & le sujet de la question, est vne mesme chose; qu'vne chose ne peut estre, & n'estre pas ce qu'elle est, & que d'vn indiuidu determiné on peut inferer vn indiuidu vague.

Seneque est Philosophe.

Cet homme qui écrit est Seneque.

Donc cet homme qui écrit est Philosophe.

Des Grecs le plus sage est Socrate.

Le fils de Sophronie est Socrate.

Donc le fils de Sophronie est des Grecs le plus sage.

Neron a esté Musicien.

Neron a esté Empereur.

Donc quelque Empereur a esté Musicien.

Il ne faut rien mettre dans la conclusion, hors le moyen, qui n'ait esté dans les propositions.

Tout corps est substance.

Quelque homme est corps.

Donc tout homme est substance.

Cette conclusion ne peut estre combatuë, & neantmoins le syllogisme ne vaut rien; car sur ce fondement on pourroit dire, que tous les hommes seroient Magistrats, de ce que quelques vns le seroient.

Si vne des propositions est negatiue, la conclusion l'est aussi; car la consequence suit toûjours le party le plus foible. Cecy est fondé sur ce que chaque chose agit selon le degré de sa perfection; que qui peut le plus, peut le moins; & que qui peut le moins, ne peut pas le plus; que le parfait peut bien produire quelque chose de moins noble, mais que le moins noble ne peut produire quelque chose de plus noble. Cecy est fondé encores sur ce que comme en la nature, le defaut qui se treuue en l'effet ne vient pas de la cause vniuerselle, qui est parfaite, mais de la particuliere, qui la determine; la negation qui se treuue en la conclusion, ne vient pas de l'affirmation, qui est parfaite, mais de la negation, qui est vne espece de defaut.

Si vne des propositions est particuliere, la conclusion l'est aussi; & c'est pour les raisons que i'ay rapportées.

Des regles particulieres des trois figures.

Des regles de la premiere.

LA premiere figure a deux regles.

La premiere est, que pour argumenter directement, il faut que la premiere proposition soit vniuerselle.

La seconde est, que pour raisonner de la mesme maniere, il faut que la seconde proposition soit affirmatiue.

Il faut que la premiere proposition soit vniuerselle, & que la mineure soit affirmatiue, parce que selon la regle de tout & de nul, il faut que ce qui conuient au terme general soit attribué aux choses qui sont comprises sous son estenduë, & que ce qui est nié du mesme terme general, soit nié de ses inferieurs.

Exemple de la premiere regle.

QVELQVE corps est animal.
Toute pierre est corps.
Donc quelque pierre est animal.
La conclusion peche, parce qu'il ne s'ensuit pas que ce qui conuient à vne espece de corps conuienne à l'autre.

Quelques hommes sont sçauans.
Tous les François sont des hommes.
Donc tous les François sont sçauans.
La conclusion est fausse, parce que d'vn particulier on ne peut tirer vne consequence vniuerselle, & qu'il ne s'ensuit pas que ce qui conuient contingemment à quelques-

Derniere Partie. 325

vns, conuienne à tous les autres.

I'ay dit, qu'il falloit dans les modes directs que la majeure fût vniuerselle, & que la mineure fût affirmatiue; car dans les modes indirects comme dans *frisesomorum*, on peut tirer vne bonne conclusion d'vne mineure negatiue, & d'vne majeure particuliere.

Quelque immortel est Ange.
Nul animal n'est immortel.
Donc quelque Ange n'est point animal.

Exemple de la seconde regle.

Tovt homme est animal.
Nul cheual n'est homme.
Donc nul cheual n'est animal.

La conclusion peche ; car d'inferer, comme i'ay desja dit, qu'vne chose n'ait pas ce qui la constituë en partie, de ce qu'elle n'a pas ce qui ne l'establit en aucune façon, c'est conclure ridiculement.

Toute mandragore est froide.
Le pauot n'est pas mandragore.

Donc le pauot n'eſt pas froid.

Cette concluſion n'eſt pas bonne, parce que le pauot n'eſt pas compris ſous la mandragore, & qu'il peut auoir la qualité qu'il doit auoir, ſans eſtre ce qu'vne autre choſe eſt.

Les Aſtres qui ne brillent point ſont prés de nous.

Les Planetes ne brillent point.

Donc les Planetes ſont prés de nous.

La mineure, qui ſemble negatiue, ne l'eſt pas ; car c'eſt comme ſi l'on diſoit, les Planetes ſont ſans brillant.

Tous ceux qui ne nous aiment point ſont nos voiſins.

Tels & tels ne nous aiment point.

Donc tels & tels ſont nos voiſins.

La mineure, qui ſemble encore negatiue, ne l'eſt pas ; car c'eſt comme ſi l'on diſoit, tels & tels ont pour nous de la haine, ou de l'indifference.

Tous ceux qui ne ſont pas bons, ſont miſerables.

Vn tel n'eſt pas bon.

Donc vn tel eſt miſerable.

La

La mineure enfin, qui semble negatiue, ne l'est pas non plus que les autres; car c'est comme si l'on disoit, vn tel est méchant.

Des regles de la seconde figure.

LA seconde figure a deux regles. La premiere est, qu'vne des propositions doit estre negatiue.

Et l'autre est, qu'il faut que la majeure soit vniuerselle.

Comme la conclusion est negatiue, il faut qu'vne des propositions le soit; car pour faire voir que deux choses ne conuiennent point entr'elles, il faut qu'vne troisiéme chose s'affirme de l'vne, & qu'elle se nie de l'autre; & ainsi, par exemple, pour faire voir que l'homme n'est point Ange, il faut que l'immortalité, qui est le mot qui preuue, s'attribuë à l'Ange, & qu'elle se nie de l'homme.

Il faut que la majeure soit vniuerselle, car quand elle ne l'est pas on establit sur quelques particuliers la negation d'vn attribut vniuersel.

Exemple de la premiere regle.

TOVTE poule a deux pieds.
Vous auez deux pieds.
Donc vous estes vne poule.

Ce syllogisme ne vaut rien, parce que ce n'est pas vne consequence, que si vne chose est attribuée à deux choses, les deux soient vne mesme chose ; & ainsi le miel n'est pas fiel, quoy que le iaune conuienne à l'vn & à l'autre : Et ainsi les poules ne sont pas des hommes, quoy que la proprieté d'auoir deux pieds conuienne au volatil, & au raisonnable.

Tout cheual sent.
Tout homme sent.
Donc tout homme est cheual.

Ce syllogisme peche encores, parce qu'il ne s'ensuit pas que pour auoir quelque chose de commun, on ait l'essence commune.

Exemple de la seconde regle.

Quelque animal a quatre pieds.
Nul oiseau n'a quatre pieds.
Donc quelque oiseau n'est pas animal.

Ce syllogisme conclud mal, parce, comme i'ay plusieurs fois dit, il ne s'enfuit pas qu'on manque de ce qui est necessaire, pour manquer de ce qui est disconuenable.

Quelque crime est excusable.
Nul blasphéme n'est excusable.
Donc quelque blasphéme n'est pas crime.

Cet argument peche aussi, parce qu'il ne s'enfuit pas qu'on manque de ce qui est necessaire pour estre de telle, ou telle espece de chose, de ce qu'on manque de ce qui est accidentel à la chose.

Lors que dans cette figure on vse de deux affirmations, il peut arriuer que l'antecedent soit vray, & que le consequent soit faux.

Le chien est vn animal.

Socrate est vn animal.
Donc Socrate est vn chien.

Cet argument peche non seulement, parce qu'il ne s'enfuit pas que si vne chose conuient à deux sujets, les deux sujets soient vne mesme chose; mais parce qu'en ce syllogisme l'animal est équiuoque, que le chien est le vray antecedent de l'animal irraisonnable, & que le mesme animal irraisonnable n'est pas le vray consequent de Socrate.

Tout monstre est contre nature.
Le minotaure est contre nature.
Donc le minotaure est vn monstre.

Cette conclusion ne reçoit point de doute, & l'argument est concluant par la vertu de la matiere; car le minotaure, qui est le sujet de la conclusion, & qui est vne especes de monstre, est compris sous le monstre, qui est le genre : Si bien qu'il ne faut pas s'estonner si le mot qui preuue, qui est le contre-nature estant conuenable au genre, qui est le monstre, est conuenable à l'espece, qui est le minotaure. Mais si vous considerez de bien prés cet argument, vous trouuerez qu'il a l'apparence de la seconde figure, & qu'il a la realité de la premiere, qu'on peut dire que tout ce qui est contre nature est vn monstre, que le minotaure est contre nature, & par consequent qu'il est vn monstre.

Des regles de la troisième figure.

CETTE figure a deux regles. La premiere est, que la mineure doit estre affirmatiue.

Et l'autre est, que la conclusion doit estre particuliere.

La mineure doit estre affirmatiué, en voicy la raison : Si la conclusion est affirmatiue, il faut que le sujet & l'attribut de la question soient liez; & pour produire cet effet, il faut qu'en la majeure le moyen se ioigne à l'attribut, & qu'en la mineure il s'vnisse à ce qui est vne suite du mesme attribut.

Tout animal est sensitif.

Tout animal est viuant.

Donc quelque viuant est sensitif.

L'animal, qui est le moyen, se ioint à l'attribut de la question, qui est le sensitif, & il s'vnit encores à ce qui est vne suite du sensitif, qui est le viuant; car qui pose ce qui sent, pose ce qui vit.

Si la conclusion est negatiue, quelque sujet reçoit la negation d'vn attribut, & il faut pour produire cet effet, qu'en la majeure le moyen disconuienne aueque l'attribut nié, & qu'en la mineure il conuienne aueque le sujet de la question, a fin que l'attribut, qui est refusé au moyen, soit refusé pareillement à la chose à laquelle le moyen conuient.

Nulle pierre ne se nourrit.

Toute pierre est vn corps.

Donc quelque corps ne se nourrit point.

La pierre, qui est le moyen, disconuient aueque l'attribut nié, qui est la nourriture, & il conuient aueque le sujet de la question, qui est le corps, car toute pierre est corps :

De sorte qu'il s'ensuit bien que quelque corps ne se nourrit pas de ce que toute pierre est vn corps, & que toute pierre ne prend point de nourriture.

Il faut que la conclusion soit particuliere, en voicy les preuues : Il ne s'ensuit pas en *darapti*, que si toute vertu est loüable, & que toute vertu soit habitude, que toute habitude soit loüable, puisque le vice est vne habitude, & que le vice est hayssable.

Il ne s'ensuit pas en *felapton*, que si nul vice n'est loüable, & que tout vice soit habitude, que toute habitude soit méprisable, puisque la vertu est vne habitude, & qu'elle est digne de loüange.

Il ne s'ensuit pas en *disamis*, que si quelques ignorans sont admis aux Charges du Droit, & que tout ignorant soit inique, que tous les ignorans soient receus aux Tribunaux, puisque l'iniquité n'affecte point la condition, qu'on peut démentir sa conscience en toutes sortes d'emplois.

Il ne s'enſuit pas en *datiſi*, que ſi tous les yurongnes ſont ſujets aux goutes, & que quelques yurongnes ſoient eunuques, que tous les eunuques ſoient gouteux; la lumiere des enfans meſme découuriroit la fauſſeté de cette conſequence.

Il ne s'enſuit pas en *bocardo*, que ſi quelque deſir n'eſt point dereglé, & que tout deſir ſoit vne volonté, que toute volonté ne ſoit point déreglée; la majeure découuriroit d'abord la fauſſeté de cette concluſion.

Il ne s'enſuit pas enfin en *feriſon*, que ſi nulle vſure, ſelon l'Ordonnance, n'eſt punie, & que quelque vſure, ſelon la meſme Ordonnance, ſoit vn vice, que tout vice ne ſoit point puny, puis qu'il y a cent autres vices que l'vſure.

Exemple de la premiere regle.

Tout homme eſt ſubſtance.
Nul homme n'eſt pierre.
Donc quelque pierre n'eſt pas ſubſtance.

Cet

Cet argument est vicieux, car outre que la mineure est negatiue, il ne s'enfuit pas que si la pierre n'est pas homme, elle ne soit pas substance.

On peut faire vn semblable argument, & bien conclure, comme

Toute eau naturelle est élement.
Nulle eau naturelle n'est meteore.
Donc quelque meteore n'est pas élement.

Mais c'est par la necessité de la matiere, & non pas par la bonté de la construction, puisque la veritable forme d'vn argument dépend de la iuste situation des propositions, & qu'en l'exemple de celuy-cy, la proposition, qui tient le second rang, deuroit tenir le premier.

Exemple de la seconde regle.

Nvlle vertu n'est à rejetter.
Toute vertu est difficile.
Donc toute chose difficile n'est pas à rejetter.

Cette conclusion n'est pas supportable, car outre que c'est aller d'vne chose à toutes les autres, c'est confondre les choses.

Tout homme est animal.
Tout homme est raisonnable.
Tout ce qui est raisonnable est donc animal.

Quoy que contre les regles precedentes la conclusion soit vniuerselle, elle ne laisse pas d'estre bonne; mais cela arriue parce que la mineure est composée de deux parties qui sont conuertibles.

De la reduction des quinze modes aux quatre de la premiere figure.

LA premiere figure est la plus excellente des trois, parce que l'éuidence de la consequence dépend de l'assiete du moyen, & que dans cette figure le moyen est placé entre le sujet & l'attribut de la conclusion.

Pour la reduction des modes on

se sert de deux voyes, on se sert de l'ostensiue, & de l'absurde.

Par la premiere on conuertit les modes obscurs aux modes éuidens.

Et par l'autre on reduit le negatif à l'impossible.

Baralipton se reduit à *barbara*.

Celantes se reduit à *celarent*.

Dabitis se reduit à *darij*.

Fapesmo se reduit à *ferio*.

Frisesomorum se reduit aussi à *ferio*.

Pour reduire *baralipton* à *barbara*, il faut que la conclusion particuliere de l'vn, soit changée en vniuerselle, & que le sujet deuienne l'attribut.

Exemple en baralipton.

Qviconqve est exempt de vice est libre.

Tout Philosophe est exempt de vice.

Donc quelque homme libre est Philosophe.

Exemple en barbara.

QVICONQVE est exempt de vice est libre.

Tout Philosophe est exempt de vice.

Donc tout Philosophe est libre.

Pour reduire *celantes* à *celarent*, il faut que l'attribut de la conclusion deuienne sujet.

Exemple de celantes.

NVL esclaue de ses desirs n'est libre.

Tout auare est esclaue de ses desirs.

Donc nul homme libre n'est auare.

Exemple de celarent.

NVL esclaue de ses desirs n'est libre.

Tout auare est esclaue de ses desirs.

Donc nul auare n'est libre.

Pour reduire *dabitis* à *darij*, il faut aussi que l'attribut de la con-

Derniere Partie.

clufion deuienne le fujet de l'autre.

Exemple de dabitis.

QVICONQVE eſt courageux, mépriſe la fortune.

Quelque Philoſophe eſt courageux.

Donc quelqu'vn qui mépriſe la fortune eſt Philoſophe.

Exemple en darij.

QVICONQVE eſt courageux, mépriſe la fortune.

Quelque Philoſophe eſt courageux.

Donc quelque Philoſophe mépriſe la fortune.

Pour reduire *fapeſmo* à *ferio*, il faut que la mineure de *fapeſmo* conuertie deuienne la majeure de *ferio*.

Exemple de fapeſmo.

TOVT element eſt corps ſimple. Nul Ciel n'eſt Element.

Donc quelque corps ſimple n'eſt pas Ciel.

Exemple en ferio.

Nvl Element n'est Ciel.
Quelque corps simple est Element.

Donc quelque corps simple n'est pas Ciel.

Pour reduire *frisesomorum à ferio,* il faut que la mineure conuertie de *frisesomorum* deuienne la majeure de *ferio,* & que la majeure du mesme *frisesomorum* deuienne la mineure de *ferio*.

Exemple de frisesomorum.

Quelque beste est prouidente.
Nul animal raisonnable n'est beste.

Donc quelque chose prouidente n'est pas animal raisonnable.

Exemple en ferio.

Nvlle beste n'est animal raisonnable.
Quelque chose prouidente est beste.
Donc quelque chose prouidente n'est pas animal raisonnable.

Cesare, *camestres*, se reduisent à *celarent*.

Darapti, *disamis*, *datisi*, se reduisent à *dary*.

Festino, *felapton*, *ferison*, se reduisent à *ferio*.

Baroco & *bocardo* ne se peuuent reduire à la premiere figure, parce que leur conclusion est particuliere negatiue, & que cette figure ne souffre point de semblables consequences.

Pour reduire *Cesare* à *celarent*, il faut que dans la majeure l'attribut de *Cesare* devienne le sujet de *celarent*.

Exemple de Cesare.

Nvlle pierre n'est animal.
Tout homme est animal.
Donc nul homme n'est pierre.

Exemple de celarent.

Nvl animal n'est pierre.
Tout homme est animal.
Donc nul homme n'est pierre.

Pour reduire *camestres* à *celarent*,

il faut que la majeure de *cameſtres* deuienne la mineure de *celarent*, & que dans la majeure de *celarent* la mineure de *cameſtres* ſoit ſimplement conuertie.

Exemple de cameſtres.

Tout homme eſt animal.
Nulle pierre n'eſt animal.
Donc nulle pierre n'eſt homme.

Exemple de celarent.

Nul animal n'eſt pierre.
Tout homme eſt animal.
Donc nul homme n'eſt pierre.

Pour reduire *feſtino* à *ferio*, il faut dans la majeure changer l'attribut de *feſtino* au ſujet de *ferio*.

Exemple de feſtino.

Nulle pierre n'eſt animal.
Quelque homme eſt animal.
Donc quelque homme n'eſt pas pierre.

Derniere Partie. 393

Exemple de ferio.

NVl animal n'eſt pierre.
Quelque homme eſt animal.
Donc quelque homme n'eſt pierre.
Pour reduire *darapti* en *darij*, il faut que la mineure conuertie de *darapti* deuienne la mineure de *darij*.

Exemple de darapti.

TOvt homme eſt riſible.
Tout homme eſt animal.
Donc quelque animal eſt riſible.

Exemple en darij.

TOvt homme eſt riſible.
Quelque animal eſt homme.
Donc quelque animal eſt riſible.
Pour reduire *felapton* à *ferio*, il faut que la mineure de *felapton*, inégalement conuertie, deuienne la mineure de *ferio*.

Exemple en felapton.

NVl homme n'eſt pierre.
Tout homme eſt riſible.

Donc quelque risible n'est pas pierre.

Exemple en ferio.

Nvl homme n'est pierre.
Quelque risible est homme.
Donc quelque risible n'est pas pierre.

Pour reduire *disamis* à *darij*, il faut que la majeure & la mineure de *disamis*, conuertie inégalement, deuienne la majeure & la mineure de *darij*.

Exemple de disamis.

Qvelqve homme est blanc.
Tout homme est animal.
Donc quelque animal est blanc.

Exemple en darij.

Tovt homme est blanc.
Quelque animal est homme.
Donc quelque animal est blanc.

Pour reduire *datisi* à *darij*, il faut que la mineure de *datisi*, également conuertie, deuienne la mineure de *darij*.

Exemple de datiſi.

TOvt animal eſt ſubſtance.
Quelque animal eſt raiſonnable.

Donc quelque raiſonnable eſt ſubſtance.

Exemple en darij.

TOvt animal eſt ſubſtance.
Quelque raiſonnable eſt animal.

Donc quelque raiſonnable eſt ſubſtance.

Pour reduire *feriſon* à *ferio*, il faut que la mineure de *feriſon*, également conuertie, deuienne la mineure de *ferio*.

Exemple de feriſon.

NVlle pierre n'eſt animal.
Quelque pierre eſt blanche.
Donc quelque blanc n'eſt pas animal.

Exemple en ferio.

Nvlle pierre n'est animal.
Quelque blanc est pierre.
Donc quelque blanc n'est pas animal.

Nous auons vsé iusques icy de la premiere voye, c'est à dire de l'ostensiue, il reste à se seruir de l'absurde.

Tout ce qui a du sentiment est animal.
Quelque corps n'est pas animal.
Donc quelque corps n'a pas de sentiment.

Il n'y a rien de si éuident que ce syllogisme, qui est en *baroco*; mais si quelqu'vn estoit assez déraisonnable pour combatre sa conclusion, il faudroit se seruir d'vne proposition contradictoire, c'est à dire qu'il faudroit opposer cette proposition,

Tout corps a sentiment.
A celle qui suit,
Quelque corps n'a point de sentiment.

Et argumenter en *barbara*, comme

Tout ce qui a du sentiment est animal.

Tout corps a du sentiment.

Donc tout corps est animal.

On voit par là que celuy qui auroit combatu vne conclusion si éuidente, comme celle que i'ay rapportée, seroit contraint de deux choses l'vne, ou d'approuuer ce qu'il auroit nié, ou de receuoir vne conclusion absurde; ie dis absurde; car si elle n'estoit pas absurde, il s'ensuiuroit que toute la nature inanimée seroit animée; ce qui est impossible.

Quelque Science n'est pas connuë.

Toute Science est vraye.

Donc quelque chose vraye, n'est pas connuë.

La conclusion de ce syllogisme en *bocardo* est receuable ; mais si quelqu'vn estoit assez fâcheux pour la combatre, il faudroit retenir en *barbara* la mineure de *bocardo*, & opposer à la conclusion niée vne proposition contradictoire.

Toute chofe vraye eft connuë.
Toute Science eft vraye.
Donc toute Science eft connuë.

On voit par là que celuy qui auroit nié vne conclufion fi iufte comme celle que i'ay expofée, feroit neceffairement contraint, ou de fe démentir, ou de fouftenir que tous hommes fçauent toutes chofes ; ce qui eft manifeftement faux.

Si on me demande icy pourquoy *baroco* & *bocardo* ne peuuent eftre reduits par la premiere voye à vne plus grande clarté, ie répondray, que s'ils eftoient capables d'eftre conuertis, ce feroit en *barbara*, mais qu'il eft impoffible que deux propofitions particulieres negatiues qui font renfermées dans les modes indirects dont il eft queftion, puiffent eftre changées en deux propofitions vniuerfelles affirmatiues qui font renfermées dans *barbara*.

Ie ne tiens compte de pouffer dauantage la reduction des modes, cette inuention n'a point d'vfage ; & fi i'eftois obligé de donner le dernier coup de main à vn Art si subtil, & si infructueux, ie dirois volontiers ce que disoit sur le mesme sujet vn docte Veronnois, i'inuoquerois le Dieu des Muses ; mais l'inuocation doit estre reseruée pour quelque autre matiere plus considerable, c'est estre Pedant complet que de remuer ces vieilles réueries; & si ie suis honteux en quelque façon de ce que i'en ay dit, ie le serois bien dauatantage de ce que i'en dirois.

De la methode.

I'Avois fait dessein de ne point traiter de la methode, & i'auois quelque raison de me dispenser de ce trauail, mais ie me suis relâché, l'exemple a preualu sur ma resolution.

La methode en general est vne voye de bien proceder, ou à l'acquisition des connoissances, ou à l'enseignement des disciplines.

Les instrumens de toutes les methodes, sont le sens & l'entendement.

Le sens reçoit les images des objets.

Et l'entendement raisonne sur ces images.

Pour bien paruenir à l'acquisition des connoissances, on se sert de la similitude, de la dissemblance, de la resolution, & de quelques autres moyens.

On se sert de la similitude, parce que des semblables les suites sont semblables : Il y a de la ressemblance entre l'homme & la beste, l'vn est capable de volupté & de douleur, il est donc probable que l'autre est capable des mesmes passions.

On se sert de la dissimilitude, parce que des choses dissemblables, les suites sont dissemblables : L'homme est capable de vertu, parce qu'il est raisonnable ; la beste est donc incapable de la mesme habitude, disent nos Aduersaires, parce qu'elle est irraisonnable.

On se sert de la resolution, parce que le tout n'est autre chose que l'assemblage des parties, & qu'on
connoist

connoiſt le fonds des choſes par la ſeparation qu'on fait des choſes meſmes.

Pour bien proceder à l'enſeignement des Sciences, on ſe ſert de deux voyes.

La premiere voye, ou methode, qu'on appelle compoſition, ou ſyntetique, eſt vn acte de l'eſprit, par lequel celuy qui enſeigne paſſe des principes aux compoſez, des genres aux eſpeces, des eſpeces aux indiuidus, des moins parfaits aux plus parfaits, des parties eſſentielles au compoſé, des parties integrantes au tout, des eſpeces moins compoſées aux plus compoſées, des moyens à la fin, des cauſes aux effets.

Des principes aux compoſez, comme de la matiere, & de la forme au corps.

Des genres aux eſpeces, comme de l'élement aux élemens, de l'animal aux hommes & aux beſtes.

Des eſpeces aux indiuidus, comme de l'homme à Pierre, & à Iacques, de la beſte à ce chien, à ce cheual, & ainſi des autres.

Des eſtres moins parfaits aux plus parfaits, comme des mixtes inanimez aux animez.

Des parties eſſentielles aux compoſez, comme du genre & de la difference à l'eſpece.

Des parties integrantes au tout, comme de la chair, des os, des nerfs au corps de l'animal.

Des eſpeces moins compoſées aux plus compoſées, comme des plantes aux brutes, & des butes aux hommes.

Des moyens à la fin, comme de la vertu à la beatitude.

Des cauſes aux effets, comme de la faculté de raiſonner à la capacité de rire.

L'autre voye, ou methode, qu'on appelle reſolutiue, ou analytique, eſt auſſi vn acte de l'eſprit, par lequel celuy qui dogmatiſe paſſe des choſes compoſées aux choſes ſimples, ou moins compoſées, du tout eſſentiel aux parties eſſentielles, du tout aux parties integrantes, des indiuidus aux efpeces, des efpeces aux genres, des eſtres plus parfaits aux moins parfaits, de la fin aux moyens, des effets aux caufes.

Des chofes compofées aux chofes fimples, ou moins compofées, comme des Royaumes aux Prouinces, des Prouinces aux Villes.

Du tout effentiel aux parties effentielles, comme de l'animal au corps, & à l'ame.

Du tout aux parties integrantes, comme de l'animal aux chairs, aux os, aux nerfs, &c.

Des indiuidus aux efpeces, comme de telle & telle prudence à la prudence.

Des chofes plus parfaites aux moins parfaites, comme des hommes aux beſtes, des beſtes aux plantes, des plantes aux pierres, des pierres aux élemens, & des élemens aux cieux.

De la fin aux moyens, comme du fouuerain bien aux vertus, & des vertus aux principes des actions humaines, des effets aux caufes, commes des saillies aux inspirations, des mouuemens au moteur.

Preceptes sur la methode dispositiue.

IL faut, pour enseigner, commencer par les choses les plus generales : Si on traitte de la Morale, il faut commencer par le traitté de la vertu, & descendre aux especes. Les choses vniuerselles sont plus connuës que les choses singulieres, selon l'ordre de la nature ; & pour preuue de cela, quand on donne la definition de quelque chose, le sens naturel nous porte à commencer par les termes les plus generaux. Adjoustez à cela, que les choses les plus vniuerselles sont les plus simples, que les choses les plus simples diuisent moins les operations de l'esprit, & par consequent qu'elles font vne plus forte impression. Ce n'est pas que les choses singulieres ne frappent d'abord les sens, mais outre que des obseruations journalieres l'esprit forme des especes vagues, & qu'il est comme accoustumé aux indeterminations, il est plus à propos de s'attacher d'abord à ce qui conuient aux choses singulieres qu'aux choses singulieres mesme, puis qu'il s'agit de faire connoistre les principes des choses, que les causes precedent par nature les effets, & qu'on ne sçauroit mal debuter que de commencer par où la nature commence.

Il faut mettre ensemble les choses qui tirent leur clarté les vnes des autres; & c'est pour cette raison que les Sciences traittent des opposez.

Il faut prouuer les questions Physiques par les raisons naturelles, les questions humaines par les raisons morales.

Il faut bien establir l'estat de la question, parce que son obscurité en engendre d'autres.

Il faut éclaircir ce qui semble combatre la question, parce qu'il faut preuenir les scrupules du Disciple.

Il faut refuter l'opinion des Aduerſaires, parce que la refutation découure les erreurs, & retranche les objections.

Il faut donner la raiſon des choſes, parce qu'il faut paſſer du deſabus à la deciſion.

Il faut accommoder ſes preuues aux Diſciplines dont on traitte, parce que chaque Science, que chaque Art a le fondement particulier de ſes concluſions, que la Theologie fait fort ſur les Ecritures, ſur les Peres, & ſur les Traditions ; que la Metaphyſique ſe fonde ſur ſes premieres maximes, que la Logique baſtit ſes preuues ſur le fondement de ſes figures, que la Phyſique met en auant ſes experiences, que la Morale a ſes principes actifs, que la Politique a ſes exemples, que la Iuriſprudence roule ſur les Loix, ſur les Ordonnances, ſur les Arreſts & ſur les Couſtumes.

Enfin, les queſtions les plus conſiderables doiuent eſtre de l'exiſtence, de la nature, de la proprieté, & de la fin.

Fin de la Logique.

TABLE.

PREMIERE PARTIE.

Du signe. page 28
Des termes. 32
Combien il y a d'vniuersaux. 63
Petites obseruations sur les voix de Porphyre. 65
Des categories. 80
De la substance. 83
De la quantité. 103
De la qualité. 120
De la relation. 131
De l'action, & de la passion. 142
Du quand. 149
De l'ou. 150
De l'estre situé. ibid.
De l'habit. 151
Des opposez. 152
De la precedence des choses. 162

TABLE.

De l'enſemble. 164
De l'avoir. 165
Du mouvement. 166
De la diviſion. ibid.
De la definition. 173
Du tout. 191

SECONDE PARTIE.

DE l'énonciation. 195
De la compoſition des énoncia-
tions. 198
Du ſujet. 199
De l'attribut. 200
Du nom. 201
Du pronom. 207
Du verbe. 208
De l'adverbe. 215
Du participe. 217
Des prepoſitions. 218
Des conjonctions. 220
Des interjections. 222
Des articles. 223
Des eſpeces de l'énonciation. 224
De la propoſition conſiderée en elle-
meſme. 230
De la propoſition conſiderée au regard
d'vn

TABLE.

d'vn autre. 234
De l'opposition. ibid.
De la conuersion. 235

DERNIERE PARTIE.

Des noms du discours. 241
De la diuision du discours. 242
Si Dieu discourt. 244
Si les Anges discourent. 245
Si les plantes discourent. 247
Si les bestes raisonnent. 248
De l'agument. 270
De l'induction. 271
De l'exemple. 273
Du dilemme. 276
Du sorite. 278
De l'enthymeme. 279
Du denombrement. 281
Du syllogisme. 283
De la demonstration. 294
Des principes. 295
Que les principes de la demonstration doiuent estre vrais. 302
Qu'ils doiuent estre necessaires. 303
Si les propositions sont plus éuidentes que la conclusion. 306

TABLE.

Il ne faut démontrer les sujets d'vne Science par les principes d'vne autre. 307
Des especes de la démonstration. 309
Du syllogisme probable. 312
Que la colere est à fuyr. 316
Du syllogisme sophistique. 330
Des fallaces qui regardent les choses. 334
De la fallace, qui prend pour vray ce qui ne l'est qu'en quelque façon. 336
De la fraude de ce qui n'est pas cause, & qui est neantmoins pris pour cause. 338
De la fraude des réponses. 339
De la supposition de ce qui est en question. ibid.
De la fallace de mauuaise consequence. 341
Des especes de fraude qui regardent la diction. 343
De la composition du syllogisme. 350
De la figure. 351
Du mode. 352
Du nombre des figures. 354
Sur quelles regles sont fondées les trois figures. 355

TABLE.

De la seconde figure. 361
De la troisiéme figure. 362
Regles generales des trois figures. 363
Des regles particulieres des trois figures. 373
De la reduction des quinze modes aux quatre de la premiere figure. 386
De la methode. 399
Preceptes sur la methode dispositiue. 404

FIN.

www.ingramcontent.com/pod-product-compliance
Lightning Source LLC
Chambersburg PA
CBHW060517230426
43665CB00013B/1547